나는 비밀을 눈치채고 은행을 퇴사했다

나는 비밀을 눈치채고 은행을 퇴사했다

**초판 1쇄 발행**   2025년 12월 24일
**지은이**   이보은(선한건물주)
**펴낸이**   이진석
**디자인**   김민영
**펴낸곳**   노들
**출판등록**   2023년 10월 26일 제 2023-000264호
**주소**   서울특별시 마포구 월드컵북로 400 서울경제진흥원, 5층 15호 (상암동)
**E-mail**   nodeulbooks@naver.com
**ISBN**   979-11-994208-3-0(03190)

'부'와 '자유'를 누리는 마인드셋

# 나는 비밀을 눈치채고
# 은행을 퇴사했다

이보은(선한건물주) 지음

노들

# 성공한 삶이란 무엇일까?

남편은 대기업에, 나는 은행에 다녔다. 누가 봐도 안정적이고 부족함 없는 삶이었다. 부모님과 선생님이 늘 강조하던 "좋은 직장, 안정된 미래"의 언저리에 와 있었지만, 마흔을 앞두고 깊은 의문이 올라왔다.

"정말 이게 내가 원하는 삶일까?"

"언제쯤 행복해질 수 있을까?"

"그저 남들과 똑같이 사는 게 맞는 걸까?"

나는 늘 예민했고, 초조했고, 불안했다. 평일은 전쟁터 같았고, 주말의 짧은 행복에 의지하며 살았다. "삶이 원래 힘든 거지"라며 나를 달래기도 했지만, 내 안에서는 분명 다른 길이 있다는 직감이 자꾸만 고개를 들었다.

그러던 중 친정 가족의 경제적 지원을 위해 부동산 경매 투자를 시작했다. 아파트, 상가, 다가구 주택을 차례로 낙찰받았고, 남들이 수십 번 실패하는 과정도 나는 단 몇 번 만에 성공했다. 처음에는 초심자의 행운쯤으로 여겼다. 그러나 연이어 성과를 내며 내가 몰두한 생각과 믿음이 현실이 되어 나타난다는 사실을 깨달았다.

'끌어당김의 법칙'은 단순한 환상이 아니었다. 같은 주파수의 사람과 상황이 내 삶에 실제로 끌려왔다. 부정적 생각에 사로잡히면 그에 걸맞은 결과가 나타났고, 감사와 긍정을 붙잡으면 기적처럼 기회가 이어졌다.

경제적 자유를 향한 길목에서 나는 의외의 진리도 만났다. 돈은 삶에 꼭 필요하지만, 진정한 행복은 돈 너머에 있다는 사실이었다. 내 마음의 평온, 나를 알고 나답게 사는 삶, 나를 사랑하는 힘이야말로 삶을 단단하게 세워주는 뿌리였다.

그리고 "작가가 되고 싶다"는 꿈을 품게 되었다. 어릴 적부터 글쓰기를 싫어하던 내가 왜 이런 생각을 하게 됐을까? 아마도 내가 경험한 이 원리, 감사와 끌어당김의 힘을 더 많은 사람들과 나누고 싶다는 욕망이 나를 여기까지 데려온 것이 아닐까. 그 순간부터 신기하게도 작가들이 내 곁에 모였다. 모임에서 만난 사람들이 책을 쓰고 있었고, 여러 권의 책을 낸 작가님과도 자연스럽게 연결되었다.

잠재의식은 좋고 나쁨을 가리지 않으며 우리가 품은 생각은 고스란히 현실을 불러온다. 그렇기에 삶을 창조하는 힘은 결국 내 안에 있다. 부정적 감정이 올라올 때면 피하지 않고 바라본 뒤, 다시 긍정으로 전환하며 매일을 살아가면 된다.

내 일상은 감사와 끌어당김이 함께하는 실험장이 되었다. 그리고 나는 그 실험의 증거이자 산증인이다. 이제 이 글을 통해 독자들과 나누고 싶다.

성공과 행복, 돈과 마음, 그리고 끌어당김의 비밀을…….

나의 삶에서 체험한 이 이야기들이 당신의 삶에도 단단한 믿음의 불씨가 되기를 바란다.

**목차**

**프롤로그** 성공한 삶이란 무엇일까?                                        5


**PART 1** ——————— 행복을 피루던 삶에서 자유를 꿈꾸다

신의 직장이라는 안정된 족쇄                                              15

인생은 어려운 선택의 연속                                                20

첫 투자가 내게 가르쳐준 것                                               25

잠재의식이 이끌어준 두 번째 집                                           29

가족의 절망 속에서 길을 찾다                                             33

말과 생각을 조심해야 하는 이유                                           38

잃어버린 나를 되찾는 세 가지 자유                                        42

내 안의 결핍을 받아들이다                                                52

퇴사, 또 다른 문을 열다                                                  57

## PART 2 ——————— 끌어당김의 힘은 누구에게나 있다

사람은 생각하는 대로 된다     67

목표는 크고 뾰족하게 세워라     72

500억을 지켜낸 간절한 시각화     78

감사는 현실을 바꾸는 힘이다     84

미래를 현실로 끌어오는 방법     90

실행력의 비밀, 독서에서 찾다     97

진짜 성공의 법칙을 찾아서     101

실행하는 모방, 그게 진짜 창조다     106

내 안의 비밀을 찾는 무기들     112


## PART 3 ——————— 마음의 파동이 만든 인연들

내가 보낸 파동이 현실을 만든다     135

나를 성장시키는 사람 곁에 머물러라     139

글로벌 CEO 켈리 최 회장님과의 저녁 식사     143

대한민국의 '부자 아빠'를 만난 날     148

원하는 사람을 끌어당기는 힘     152

삶은 나에게 더 좋은 것을 주려 한다     156

'레버리지'를 처음 알려준 내 인생의 멘토     160

열정, 사람을 끌어당기는 가장 강력한 에너지     166

누군가의 행복을 빌 때 일어나는 기적     173

부정적 인연이 보내는 우주의 시그널     177

관계를 수평으로 바라본다는 것     182

**PART 4** ——————————— 부자 엄마가 발견한 풍요의 원칙들

부자들이 돈을 사랑하는 법   **191**

두 아들에게 물려주고 싶은 '부의 원리'   **200**

두 아들에게 물려주고 싶은 '돈을 대하는 태도'   **203**

부자가 되는 투자 원칙   **207**

절약은 미래를 여는 투자다   **216**

선언하라, 일론 머스크처럼!   **219**

다른 사람의 성공을 축복하라   **223**

돈이 나에게 준 자유   **227**

불안과 결핍에서 마음의 풍요로   **232**

나눔이 불러온 부의 순환   **236**


**PART 5** ——————————— 진정한 행복은 '자기 사랑'에 있다

무너짐에서 배운 균형의 법칙   **249**

내가 자기 사랑을 말하는 이유   **255**

내 아이를 대하듯 자신을 대하라   **260**

내 영혼의 목소리를 믿는 삶   **265**

감정을 수용하는 다섯 단계   **269**

비교에서 벗어나 나를 사랑하는 길   **277**

에너지를 채우면 삶이 달라진다   **280**

우리는 모두 연결되어 있다   **286**

대한민국의 오프라 윈프리를 꿈꾸며   **290**


**에필로그** Love yourself, Be yourself   **297**

# PART 1

# 행복을 이루던 삶에서
# 자유를 꿈꾸다

# 신의 직장이라는 안정된 족쇄

$

나는 원래 안정된 직장과는 거리가 먼 꿈을 꾸던 사람이었다. 대학생 시절, 환경법을 들으면서 잠시 환경운동가의 길을 상상한 적이 있었다. 푸른 숲과 맑은 강을 지키며 살아가는 삶을 살고 싶었다. 이상만 놓고 본다면 그보다 더 의미 있는 길은 없을 것 같았다. 하지만 현실은 언제나 이상을 시험한다. 환경 분야는 늘 개발 논리에 밀려 있었고, 그 속에서 활동하는 운동가들이 받는 대가는 초라했다. 그들이 흘린 땀과 눈물에 비해 사회적 인정은 너무나 부족했고, 정치와 이념의 바람에 따라 언제든 휘둘리는 불안정한 자리였다. 나는 그러한 현실을 받아들일 수밖에 없었다.

'내가 직접 환경을 지킬 수는 없어도, 언젠가 돈을 벌어 환경

단체에 기부하는 게 더 현실적일지 몰라.'

이 생각은 지금까지도 내 마음 한편에 남아 있다. 환경문제는 여전히 불편한 진실이지만, 지금의 자리에서 내가 할 수 있는 노력을 다하는 것으로 스스로를 다독인다.

환경운동가 다음으로 꿈꾸었던 승무원의 길까지 가로막히고, "뭐든 밥벌이를 하라"는 아버지의 단호한 말씀에 등 떠밀리듯 들어간 곳이 바로 은행 계약직이었다. 그 당시에는 지금보다 훨씬 취업난이 심했다. 계약직임에도 불구하고 경쟁률이 100:1이었다고 인사과 담당자가 귀띔해주던 기억이 난다. 생존이 필요했던 나는 그저 붙을 수 있다는 사실에 감사했고, 은행은 내 생존을 허락해준 공간이었다.

하지만 감사의 마음은 오래가지 않았다. 곧 그것은 치열한 생존 경쟁으로 바뀌었다. 은행원으로 일하는 동안 나는 늘 '더, 더, 더'라는 압박 속에 살았다. 정규직 전환이라는 단 하나의 목표에 모든 에너지를 쏟아야 했다. 실수투성이였던 나는 남들보다 더 열심히 몰두해야만 했다. 남들이 한 걸음 걸을 때 나는 두 걸음을 내디뎌야 했다. 그 덕분에 카드 신규, 핵심 예금 실적에서 전국 1~2위라는 성과를 내기도 했다.

그런데 이상하게 성취의 순간에도 기쁨보다는 두려움이 더 컸다. 성과를 냈으니 이제는 그 이상을 해내야 한다는 압박, 조금이라도 실수하면 다시 추락할 수 있다는 불안, "더 버텨야 한다, 더 잘해야 한다"는 목소리가 늘 내 어깨를 짓눌렀다.

정규직이 되었을 때도 잠시의 안도감은 있었지만 그 행복도 오래 가지 않았다. 둘째를 낳고 4년 만에 복직한 은행은 내가 떠나 있는 동안 완전히 달라져 있었다. 시스템은 낯설었고, 대출 업무는 처음부터 다시 배워야 했다. 늘 인원이 부족해서 내게 차분히 알려줄 사람도, 여유도 없었기에 나는 그저 던져진 채로 버텨야 했다. 매일 울면서 출근했다.

어느 날 출근길, 둘째 아이가 바짓가랑이를 붙잡고 울부짖던 장면이 아직도 선명하다. 그날 하루만 회사에 늦게 간다고 연락했으면 괜찮았을 텐데, 나는 아이를 외면한 채 출근했다. 차 안에서 눈물이 흘러내렸고, '언제까지 이렇게 독한 엄마로 살아야 할까?'라는 질문이 가슴을 후벼팠다. 마음은 찢어지지만 회사에 아쉬운 소리를 하는 게 더 싫었다.

'지금 회사를 그만두면 대출은 어떻게 하지? 남들이 부러워하는 직장을 내가 스스로 포기할 수 있을까?' 하는 두려움이 발목을 붙잡았다. 머릿속에서는 끝도 없는 변명과 핑계가 맴돌았다. '차라리 어머님이 아이를 못 봐주신다고 하시면 내가 그만둘 핑계가 생기는데……', 심지어는 '처음부터 그냥 적당히 중소기업에 들어갔다면 회사를 포기하더라도 아쉽지 않았을 텐데'라는 생각으로까지 뻗어 나갔다. 그때의 나는 나 자신에게 이런 질문을 던지곤 했다.

"나는 무엇을 위해 이렇게까지 버티고 있는 걸까?"

국책은행은 누가 봐도 안정된 직장이었다. 실제로 입사 시절, 금융 공기업은 신의 직장이라는 타이틀로 연일 기사에 오르내렸다. 아버지는 기사를 보며 크게 기뻐하셨고, 나는 그 목소리를 아직도 생생히 기억한다. 하지만 그 직장은 내 영혼을 옥죄는 족쇄였다. 정규직이라는 이름표 하나를 얻는 대신, 나는 내 삶의 자유를 잃어가고 있었다.

그 시절 나는 남들의 시선을 지나치게 신경 쓰는 사람이었다. "그 좋은 회사를 왜 그만둬?"라는 말을 듣는 게 무엇보다 두려웠다. 회사의 평판, 동료의 시선, 직장 상사의 기대에 성실하고 일 잘하는 사람으로만 보이고 싶었다. 그 욕심 때문에 정작 가장 소중한 아이의 마음을 어루만져 주지 못했다.

이 글을 읽는 워킹맘들은 부디 그러지 않았으면 좋겠다. 쉽지 않겠지만, 아이를 중심에 두고 누군가 나를 욕하더라도 내 아이를 우선하며 융통성을 발휘하길 바란다. 남들의 생각과 시선은 오래가지 않지만 아이의 눈빛과 마음속 기억은 오래 남는다.

돌아보면 그 시기는 회사 생활에서 나의 첫 번째 암흑기였다. 캄캄한 터널 속에 홀로 서 있는 기분이 들던 때……. 하지만 바로 그 어둠 속에서 나는 중요한 깨달음을 얻었다. 안정된 직장이 반드시 행복을 보장하지 않는다는 사실이다. 남들이 부러워하는 길이 곧 내 길이라는 보장도 없다. 신의 직장은 내 발목을

묶는 족쇄였고, 그 족쇄를 풀지 않는 한 나는 결코 자유로울 수
없었다.

# 인생은 어려운 선택의 연속

$

둘째가 초등학교에 입학하던 해, 운 좋게도 육아휴직 제도가 확대되면서 1년 동안 쉴 수 있는 기회가 주어졌다. 그 시간 동안 나는 아이들과 함께하는 일상의 소중함을 처음으로 깊이 느꼈다. 그리고 내 안에 묻어두었던 질문이 다시 고개를 들었다.

"나는 언제쯤 좋아하는 일을 하며 살 수 있을까?"

늘 마음 깊숙이 품고 있었지만, 동시에 철저히 부정해왔던 질문이었다. 좋아하는 일을 하며 돈을 번다는 건 일부 성공한 사람에게만 허락된 삶이라며 나 스스로 차단해왔다. 그러나 휴직 기간 동안 그 질문은 끊임없이 내 마음을 두드렸다. 책을 읽고, 제주에서 한달살이를 하며 되묻곤 했다.

"정년이 보장된 안정된 직장, 남들이 부러워하는 조건을 다 갖추었는데 왜 나는 이토록 공허하고 허무할까?"

앞만 보고 달려온 지난 시간이 머릿속을 스쳐 지나갔다. 대학 입시, 학점, 토익, 취업 준비…… 쉼 없이 달려 국책은행에 입사 했고, 정규직 전환이라는 목표를 성취했으며, 내 집 마련과 투자 까지 해냈다. 남들이 부러워할 만한 조건을 다 갖춘 것이나 다 름이 없었다. 그런데도 행복은 멀게만 느껴졌고 회사도, 육아도 내 마음을 채워주지 못했다. 나는 늘 이렇게 속삭였다.

"이 선만 넘으면 행복해질 거야."

하지만 선을 넘을 때마다 행복은 잠시 스쳐 지나가고, 그 자 리에 남은 건 텅 빈 공허였다. '좋은 엄마, 좋은 아내, 좋은 직장 인'이라는 이름표를 얻었지만, 그 이름표 속에 정작 '나'는 사라 지고 있었다. 마흔을 앞두고 이 질문은 내 영혼을 마치 폭풍처 럼 뒤흔들었다. 은행은 내게 고연봉과 복지를 보장해주었지만 동시에 자유를 앗아갔다. "나만 참고 버티면 가족은 편안하다" 는 명분 아래 나는 스스로를 구겨 넣었고, 10년 넘게 그렇게 설 득하다가 점점 지쳐갔다.

주변에 퇴사를 고민한다고 털어놓으면 돌아오는 대답은 한결 같았다.

"그 좋은 직장을 왜 나와?"

"밖에 나가면 얼마나 힘든데."

"배부른 소리 좀 하지 마."

단 한 사람도 "그만둬도 괜찮다"는 말을 해주지 않았다. 그때 유일하게 내 편이 되어준 사람은 엄마였다. 복직 후 업무에 적응하지 못해 울며 엄마에게 힘들다고 털어놓았을 때, 엄마는 조용히 말씀하셨다.

"그렇게 힘들면 그만둬라."

그 한마디가 내겐 눈물겨운 위로였다. 유일하게 내 마음을 있는 그대로 받아준 사람이었다. 그날 차 안에서 펑펑 울면서 나는 비로소 '퇴사'라는 단어를 진지하게 붙잡을 수 있었다. 하지만 무모하게 회사를 나올 수는 없었다. 나는 치열하게 부동산 투자를 공부했고, 주말마다 임장을 다니며 탈출구를 찾았다. 그래도 안정된 직장과 새로운 도전 사이의 간극은 여전히 컸다.

퇴사를 앞둔 막바지에는 회사에 나가는 것조차 괴로웠다. 상사와 동료들을 마주하는 게 힘들었고, 업무를 하는 내내 마음은 멀리 떠나 있었다. 머릿속은 이미 퇴사를 향해 있었는데, 몸은 여전히 은행에서 성실하게 일하고 있으니 내 스스로도 혼란스러웠다. "이 또한 지나가리라, 결국 결단은 내가 내려야 한다"는 말로 나를 다그치며 매일 버텼다.

아침에 눈을 뜨면 내 안에서 두 목소리가 싸웠다.

'넌 게으르고 느려. 나가서 뭘 할 수 있겠니?'

'동기들이 다 남아 있는 이 좋은 회사를 왜 나가려고 해?'

'너 혼자 욕심 채우려다 가족까지 힘들게 할 거야?'

'은행원이라는 딱지 떼면 넌 그냥 아줌마야. 경력단절녀.'

내 안의 부정적인 목소리들은 매일같이 나를 무너뜨렸다. 사직서를 제출하기 전까지도, 본점으로 향하는 발걸음마저 떨림과 두려움으로 가득했다. 영화처럼 멋지게 사직서를 내는 장면을 상상했지만, 현실은 눈물과 불안 속에서 사직서를 건네는 초라한 모습일 뿐이었다.

그즈음, 우연히 본 추성훈 선수의 강연이 내 마음을 움직였다. 그의 아버지가 남긴 말이 머릿속에서 떠나지 않았다.

"인생은 어려운 선택의 연속이다. 그중에서도 더 어려운 길을 선택하라. 그게 자신에게 도움이 되고, 빠르게 성공할 수 있는 지름길이다."

퇴사 직전 연수를 받고 있었기에, 그 연수가 끝나고 돌아가면 VIP 고객의 자산을 관리하는 PB팀장이라는 멋진 타이틀이 기다리고 있었다. 만약 돌아가지 않는다면, 새로운 길에 도전해야 하는 불안하고 어려운 길이 기다리고 있었다.

안정된 은행에 남는 건 쉬운 길이었고, 퇴사 후 새로운 삶에 도전하는 건 분명 어려운 길이었다. 하지만 그의 말처럼 나도 어려운 길을 선택하고 싶었다. 그것이 진짜 내 삶에 가까워지는 길이라 믿었다.

퇴사라는 선택은 쉽지 않았다. 하지만 그 두려움을 넘어선 순간, 나는 한 단계 성장해 있을 거라는 믿음이 있었다. 그리고 나는 깨달았다. 삶의 고비는 나를 무너뜨리기 위해 찾아오는 것이 아니라, 나를 성장시키기 위해 찾아오는 것이라는 걸.

나는 특별한 사람이 아니다. 겁도 많고, 남들보다 뛰어난 능력이 있었던 것도 아니었다. 다만 "좋아하는 일을 하며 살고 싶다"는 간절한 마음 하나가 나를 여기까지 데려왔다.

퇴사를 하고 나니 다시 20대 시절로 돌아간 듯한 심정이었다. 오래 묻어두었던 질문과 마주하며, 내 영혼의 목소리에 귀 기울이는 시간을 가질 수 있게 되었다. 은행원이라는 이름표를 내려놓고, 비로소 진짜 나로서의 삶이 시작되었다.

나는 직장, 육아, 투자까지 두 손 가득 이고 지고 있던 욕심 중 하나를 비워야 했다. 결국 16년간 움켜쥐었던 '안정된 직장'을 놓았다. 평범한 직장인으로 삶을 끝내기에는 아직 하고 싶은 것이 너무 많았다. 나는 두려움 너머의 길을 선택했다. 내가 직접 문을 닫고 나왔지만, 그와 동시에 새로운 문이 열릴 것이라 믿었다. 그리고 놀랍게도 정말 하나를 내려놓자, 다른 기회들이 다가오기 시작했다. 때묻은 것들을 비워내고 정리하면, 내가 그리던 삶이 조금씩 모습을 드러낸다. 비움과 내려놓음은 새로운 세계를 끌어당기는 가장 큰 힘이었다.

# 첫 투자가 내게 가르쳐준 것

$

나는 20대 후반, 또래보다 이른 나이에 결혼했다. 남편을 대학생 시절에 만나 여러 번의 이별과 만남을 반복한 끝에 결국 부부가 되었고, 사회생활을 시작한 지 얼마 되지 않은 시점에 가정을 꾸렸다. 모아둔 돈도 많지 않았고, 아이도 곧 태어날 예정이어서 자연스럽게 집을 알아보게 되었다.

그 시절의 나는 부동산에 대해 거의 아는 것이 없었다. 그나마 은행에 다니며 선배들의 대화 속에서 부동산 이야기를 흘려들은 게 전부였다. 대부분 대출을 통해 집을 마련한다는 사실을 어렴풋이 알 뿐, 실제 경험은 전혀 없었다. 첫아이를 임신했을 무렵, 단순한 호기심으로 남편과 함께 모델하우스를 찾아간 적이 있다. 화려하게 꾸며진 공간은 나의 시선을 단숨에 사로잡았다. 예쁘게 인테리어된 거실, 햇살이 들어오는 창, 반짝이는 주방의 모습이 너무도 선명하게 내 마음을 흔들었다. 나는 그날의 감흥을 블로그에 사진과 글로 잔뜩 올리며, 꼭 새 아파트에서 살고 싶다는 간절한 염원을 품었다. 지금 돌이켜 보면, 나는 이미 끌어당김의 법칙을 모르면서도 매일 바라보고 꿈꾸며 그 힘을 쓰고 있었던 것 같다.

하지만 현실은 녹록지 않았다. 뉴스에서는 연일 부동산 경기 침체를 이야기했다. "지금은 집을 사면 안 된다"는 목소리가 여기저기서 들려왔다. 이상하게도 그 말은 나를 더 안심시켰다. 적어도 지금이 꼭짓점은 아니라는 생각이 들었기 때문이다. 물론 계약을 앞두고 밤마다 잠을 설쳤고, 계산기를 두드리며 원리금 상환액을 수십 번이나 확인했다. 남편의 월급과 나의 월급을 맞춰 보며 '우리가 과연 이걸 감당할 수 있을까?'를 고민했다. 지금은 투자를 하면서 이런 정도의 긴장을 크게 느끼지 않지만, 첫 집 마련은 경험이 없는 만큼 두려움과 설렘이 뒤섞인 큰 사건이었다.

결국 우리는 용기를 내 집을 계약했고, 그 순간부터 빠듯한 생활을 감내해야 했다. 아이가 태어나며 나는 육아휴직을 쓰게 되었고, 소득은 줄었지만 대출이자는 매달 내야 했다. 그러나 최종 결정을 할 수 있었던 이유는 대출이자가 살고 있었던 월세보다 조금 더 많았을 뿐이고, 대출 원금을 '강제 저축'이라 생각했다. 대출이자는 실거주 비용(월세), 대출 원금은 나를 위해 저축하는 돈이라고 여겼다. 그렇게 생각하니 버틸 힘이 생겼고, 최종적으로 투자를 결심할 수 있었다.

그 과정에서 나는 "대출은 나를 옭아매는 짐이 아니라, 내 삶을 지탱하는 장치가 될 수도 있구나"라는 중요한 깨달음을 얻었다. 매달 빠져나가는 이자가 아깝게 느껴지기도 했지만, 동시에 그것은 인플레이션을 방어하는 수단이자 자산을 쌓아가는 힘이었다.

돌이켜 보면 그때의 선택은 다소 무모했다. 공부도 부족했고, 경험도 없었다. 하지만 그럼에도 불구하고 내가 잘한 점이 하나 있었다면, 바로 '최악의 경우를 대비했다'는 것이다. 집값이 떨어지면 실거주로 들어가면 되고, 여의치 않으면 세입자를 들이면 된다는 두 가지 플랜을 세웠다. 이 단순한 시나리오 덕분에 시장 상황이 좋지 않았음에도 마음을 다잡을 수 있었다.

실제로 2년 뒤 입주 시점에는 예상대로 마이너스 프리미엄이 형성되었다. '내 생애 첫 투자인데 실패인 걸까?' 하는 두려움이 밀려왔지만, 입주 초기에는 흔히 있는 상황이라는 걸 받아들이며 전세를 주기로 결정했다. 꿈에 그리던 새 아파트에 들어가지 못한 건 아쉬웠지만, 시장을 지켜보는 편이 더 현명하다고 판단했다. 그리고 결국 2년 뒤, 우리는 그 집에 입주할 수 있었고, 그 경험은 이후 주거지를 마포로 옮기는 안정적인 선택으로 이어졌다.

지금 돌아보면, 첫 부동산 투자는 단순한 '내 집 마련' 이상의 의미가 있었다. 그것은 불확실한 미래 앞에서 두려움에도 불구하고 행동하는 법을 배운 경험이었다. 안전만을 추구했다면 여전히 월세를 내며 불안을 안고 살았을 것이다. 하지만 용기를 내어 내 집을 마련한 경험은 이후 내 삶을 지탱하는 중요한 뿌리가 되었다. 그 뿌리가 있었기에 나는 다음 투자로 발걸음을 옮길 수 있었고, 더 큰 기회들을 끌어당길 수 있었다.

무엇보다 중요한 건 돈의 액수나 투자 방식이 아니었다. 그 시절의 나를 움직이고 지탱해준 건 매일 머릿속으로 그리던 새집의 모습과 그 안에서 행복하게 살아가는 가족의 그림이었다. 나는 간절히 꿈꾸었고, 두려움 속에서도 행동했다. 그리고 그 선택은 내 인생에서 가장 값진 씨앗이 되었다.

# 잠재의식이 이끌어준 두 번째 집

$

지금 내가 살고 있는 집은 공원이 많은 동네에 있다. 최종적으로 이곳을 선택한 이유는 넓은 녹지와 잘 가꿔진 공원, 그리고 초·중·고가 모두 가까이 있어 아이들을 키우기에 안전하고 쾌적하다고 판단했기 때문이다. 20대에 첫 아파트를 마련했을 때는 아이가 하나였지만, 시간이 흘러 둘이 되었고 더 큰 집이 필요했다. 게다가 육아휴직을 끝내고 회사로 복귀하면 시어머님이 지방에서 올라와 아이들을 돌봐주셔야 했기에, 우리 가족은 곧 다섯 식구가 될 예정이었다. 그래서 자연스럽게 30평대 아파트로 이사할 계획을 세웠다.

복직한 곳은 신정동 지점이었고, 목동에 사는 선배들을 자주 만나게 되었다. 선배들은 "워킹맘이라면 학군과 학원이 다양한 목동이 주거지로서는 최적의 선택이 될 것"이라며 강력히 추천했다. 실제로 목동 아파트의 상품 가치는 높아 보였고, 향후 부동산 상승 여력도 더 커 보였다. 그러나 신축 아파트에 살다 보니 오래된 아파트에서 사는 건 상상이 되지 않았고, 무엇보다도 치열한 학군 속에 아이들을 몰아넣고 싶지 않았다. 공부를 잘하는 것과 행복한 삶이 반드시 비례하지 않는다는 걸 알았기 때문이다. 투자 가치도 물론 중요했지만, 그보다 나에게 더 큰 기준은 '실거주의 만족도'였다. 아이들과 함께 매일 걸을 수 있는 공원, 숨 쉴 수 있는 녹지, 안전하고 쾌적한 환경…… 결국 나는 '살고 싶은 동네'를 선택했다.

두 번째 집 이야기를 특별히 기록하는 이유는, 이 과정에서 잠재의식의 힘을 느꼈기 때문이다.

대학생 시절, 내가 자주 찾던 공원이 있었다. 공원 앞에는 편의점이 있었고, 광장처럼 넓은 공간에 파라솔이 있어 돈 없는 대학생들에게는 밤늦게까지 술을 마시고 수다를 떨기 딱 좋은 장소였다. 동아리 친구들과 자정을 넘겨 지하철이 끊길 때까지 이야기를 나누고, 결국 근처 공원에서 밤을 새운 적이 있었다. 어느 새벽, 공원 연못 주변을 따라 유유히 조깅하는 한 사람을 본 기억이 아직도 선명하다.

'저 사람은 이 근처 아파트에 사는 걸까?'

당시 지방에서 올라와 대학을 다니던 내게 서울 아파트는 곧 부의 상징이었다. 편의점 앞에서 친구들과 밤을 새우던 나와 달리, 잔잔한 연못을 따라 새벽을 시작하는 그 사람의 모습은 마치 다른 세계의 풍경 같았다. 나는 속으로 중얼거렸다.

'나도 언젠가는 저렇게 여유 있는 사람이 되고 싶다. 여기 아파트에 살면 좋겠다.'

그때 스쳤던 생각은 곧 내 잠재의식에 깊게 각인되었다. 그리고 10년이 지난 지금, 나는 그때 바라보던 바로 그 아파트 단지에서 살고 있다. 아파트를 계약할 당시만 해도 나는 이성적으로 비교·분석한 결과라고 생각했다. 그러나 막상 이사 와서 그 공원을 다시 걸었을 때, 묻어두었던 기억이 되살아났다. 결국 내 잠재의식이 오랜 시간 나를 이끌어 최종 결정을 내리게 한 것이 아닐까?

인지신경과학 연구에 따르면, 인간의 행동 패턴의 95%는 잠재의식(감정의 뇌)과 무의식(생존의 뇌)에 의해 결정되고, 오직 5%만이 의식적 사고(이성의 뇌)에 의해 작동한다고 한다 (https://21erick.org/column/9942). 독일 신경과학자 존 딜런 헤인즈의 2008년 실험은 더 나아가, 인간이 의사결정을 '의식적으로 인식하기 7초 전'에 이미 무의식 수준에서 선택이 내려진다는 사실을 보여주었다. 우리는 흔히 모든 선택을 이성과 논리로 내린다고 착각하지만, 실상은 잠재의식의 힘이 훨씬 더 크다. 결국 내가 지금의 아파트를 선택한 것도 철저한 분석의 결과가 아니라, 대학생 때의 기억이 오랜 시간 내 잠재의식 속에 자리 잡고 있었기 때문일지 모른다.

가끔은 이런 생각도 한다.

"만약 그때 자주 가던 공원이 한강변이나 강남이었다면, 지금의 내 삶은 또 달라지지 않았을까?"

분명한 건 우리가 매일 접하는 경험과 기억이 먼 훗날 삶의 중요한 순간에 영향을 미친다는 사실이다. 그렇기에 나는 더욱 확신한다. 긍정적인 사고와 좋은 경험, 아름다운 장면을 의식적으로 가까이 두어야 한다는 것을. 그것들이 겹겹이 쌓여 언젠가 내 인생의 중요한 선택을 결정짓는 무의식의 신호가 되기 때문이다.

# 가족의 절망 속에서 길을 찾다

$

어린 시절의 나는 어른들의 말을 잘 듣는 모범생이었다. 그렇게 자라 평범한 어른이 되었고, 은행에 취업해 사랑하는 남편과 결혼하여 두 아이의 엄마로 살고 있었다. 안정적인 삶이라고 믿었던 그 길에 균열이 생긴 건 아버지께서 정년퇴직하신 후 사업을 시작하면서부터였다.

평생을 기술자로 성실히 살아온 아버지는 퇴직 후 지인의 권유로 작은 가게를 인수했다. 그러나 터무니없이 낸 권리금을 한 푼도 받지 못한 채 장사를 접으셔야 했고, 결국 퇴직금 1억 원을 고스란히 잃었다. 불행은 거기서 끝나지 않았다. 잘 살고 있다고 생각했던 친오빠가 무리한 비트코인 투자로 부모님 집마저 날

려버린 것이다. 그렇게 친정은 30년 노동의 결실인 퇴직금과 유일한 자산이던 집 한 채까지 잃으며 하루아침에 빈털터리가 되었다.

경제적으로 무너진 오빠네는 아이들을 키울 여력조차 없었다. 부모님은 손주들을 대신 키우고 싶어 했지만, 이미 모든 걸 잃은 데다 일흔을 바라보는 나이에 아이 셋을 책임지는 건 현실적으로 불가능했다. 늘 책임감 있게 가족을 돌보던 아버지는 그 상황이 너무나 괴로웠던지 결국 극단적인 선택을 암시하는 문자를 내게 보냈다.

"딸, 너무 힘들다. 아빠 못 살겠다. 딸은 행복하게 잘 살아."

청천벽력 같았다. 곧장 아버지에게 전화를 걸었지만, 부모님 두 분 모두 연락이 닿지 않았다.

"아빠, 안 돼! 제발 안 돼!"

나는 온 방바닥을 뒹굴며 울부짖었다. 지방에 사는 부모님에게 당장 달려갈 수 없어 경찰을 부르며 한바탕 소동을 벌였다. 다행히 아버지는 술에 취해 잠들어 계셨지만, 나중에 들려준 말로는 그날 정말 바닷가로 나갈 생각을 하셨다고 했다.

그 사건으로 새언니가 아이 셋을 모두 데려가면서 상황은 일단락되었지만, 나는 오빠가 죽도록 미웠다. 무엇보다 그날, 나는 아버지의 장례식을 미리 치른 듯한 절망감을 경험했다. 아버지와 나는 그리 가까운 사이가 아니었다. 경상도 아버지와 딸이라

대화가 많지도 않았고, 술과 친구를 좋아하던 아버지에게 늘 서운하기도 했다. 하지만 그날 나는 내가 아버지를 깊이 사랑하고 있었다는 걸 깨달았다. 어린 시절 아버지의 따뜻한 사랑을 충분히 받지 못했다고 생각했는데도 말이다.

그날 나는 결심했다. 반드시 경제적 자유를 이뤄 부모님의 노후를 책임지겠다고. 평생 고생만 하고 여전히 힘겹게 살아가는 부모님을 더 이상 힘들게 하지 않겠다고. 그때부터 나는 단순히 '열심히' 사는 것이 아니라, '현명하게' 살기로 마음먹었다. 나 자신만이 아니라 가족 전체를 위해서라도 반드시 경제적 자유와 시간적 자유를 얻어야 했다.

나는 유튜브와 책 속에서 길을 찾기 시작했다. 그러다 2022년, 『웰씽킹』 책을 만나 켈리 회장님의 삶과 철학을 접했다. 환경을 생각하는 철학, 겸손한 태도, 공헌의 가치가 내 마음을 크게 울렸다. 대학생 시절 환경단체에서 활동했고, 지금은 작은 기부로 그 기억을 이어가고 있던 나에게 회장님의 메시지는 특별히 더 와닿았다.

나는 켈리 회장님의 성공 습관을 그대로 흡수하듯 따라 하기 시작했다. 명상, 시각화, 감사 일기, 매일 독서, 액션 플랜 작성……. 그중 처음 시작한 건 아침 필사였다. 아침에 눈을 뜨자마자 동기부여 영상을 틀고, 문장을 따라 쓰며 하루를 시작했다. 처음 100일 동안 꾸준히 필사에 성공했고, 그 습관은 자연스럽게 명상, 스트레칭, 감사 일기, 독서로 이어졌다. 출근길 차 안에서는 큰 소리로 긍정 확언을 외치며 마음을 다잡기도 했다.

그때 나는 1년 휴직 후 복직한 상태였다. 서툰 업무로 늘 불안했지만, 아침 루틴이 나를 단단히 붙잡아주었다. 자신감이 조금씩 회복되었고, 새로운 수입원을 찾아 나설 용기도 생겼다. 그 과정에서 우연히 만난 것이 바로 부동산 경매였다.

돌아보면, 죽을 것 같던 고통은 결국 나를 담금질하는 불길이 되었다. 아버지의 절망, 가족의 경제적 위기, 그날의 눈물은 나를 더 단단하게 만들었다. 세상에 영원한 건 없다. 물론 가족에 대한 사랑은 예외지만, 고통도 행복도 불행도 결국은 찰나의 순간이다. 그렇기에 나는 이제 어떤 일이 닥쳐도 크게 일희일비하지 않으려 한다. 좋은 일이 항상 좋은 것만은 아니고, 나쁜 일이 반드시 나쁜 것만은 아니기 때문이다. 오래전 법륜스님께서 들려주신 메시지가 삶 속에서 차츰 체득된 것이다.

은행 생활 중에도 이 마음은 도움이 되었다. 한번은 모두가 기피하는 열악한 지점으로 발령난 적이 있다. 사람들은 걱정스러운 눈빛을 보냈고, 나 역시 실망스러웠다. 그러나 그때도 스님의 말씀을 떠올리며 마음을 다잡았다. 지점은 불편했지만 동료들과는 놀라울 정도로 잘 맞았고, 그곳에서 나는 지금까지 이어지는 소중한 인연을 얻었다. 나쁜 발령이라 생각했던 사건은 결국 내게 귀한 선물이 되어 돌아왔다. 그래서 나는 고통과 불행이 찾아올 때 이렇게 스스로에게 묻는다.

"내가 얼마나 더 잘되려고 이런 시련이 오는 걸까?"

불평하다가도 그 질문을 떠올리려 애쓴다. 지금 고통 속에 있는 사람이 내 책을 읽는다면, 그 순간을 영화 속 한 장면으로 상상해보길 권하고 싶다. 주인공이 위기를 겪으며 더 큰 성장을 준비하는 것처럼, 지금의 아픔도 언젠가는 삶을 풍성하게 만드는 한 페이지가 될 것이다. 나 역시 부정적인 생각이 꼬리를 물고 올라올 때면 일단 집 밖으로 나간다. 산책을 하거나 카페에 간다. 그것마저 여의치 않으면 집 안에서 '감사합니다'라는 말을 반복한다. 그러다 보면 어느 순간 마음이 전환되고, 감사가 내 안에서 조용히 고개를 든다. 매일 쓰는 감사 일기는 내 삶을 긍정으로 끌어당기는 작은 힘이 되어주었다.

아버지를 잃을 뻔한 그 사건은 단순한 불행이 아니었다. 그것은 나를 끌어당김의 세계로 안내하는 강렬한 신호였다. 그날의 울부짖음이 있었기에 나는 삶의 방향을 바꿀 수 있었고, 경제적 자유라는 목표를 향해 더 깊이 몰입할 수 있었다.

# 말과 생각을 조심해야 하는 이유

$

사내 장기 교육 과정에서 '돈에 대한 잠재의식'을 돌아보는 수업을 들은 적이 있다. 명상 속에서 어린 시절의 기억을 떠올려 보니 돈은 기쁨과 슬픔, 두 얼굴로 내게 다가왔다.

초등학교 고학년 시절, 롤러스케이트가 한창 유행했다. 친구들이 스케이트장에서 신나게 타는 모습이 부러워 나도 갖고 싶었지만, 당시 가격이 5~10만 원 정도였고, 오빠 것까지 두 켤레를 사려면 부모님에겐 큰 부담이었다. 나는 철없이 졸랐지만 엄마는 쉽게 사주지 않으셨다. 그러던 어느 해 어린이날, 엄마가 두 손에 롤러스케이트 상자를 들고 들어오셨다.

"얘들아, 롤러스케이트 사왔다!"

현관 앞에서 우리는 소리를 지르며 뛰었고, 엄마는 환하게 웃으셨다. 빠듯한 살림에도 자식들에게 기쁨을 주고 싶었던 부모님의 마음과 선물에 환호하는 우리를 바라보던 엄마의 미소가 지금도 눈에 선하다. 그날의 기억은 내게 '돈은 행복의 필요조건'이라는 믿음을 심어주었다. 하지만 또 다른 한편에서 늘 들려오던 말이 있었다.

"돈이 없다."

"아껴 써야 한다."

"빠듯하다."

일찍 아버지를 여의고 홀어머니 밑에서 자라신 아버지는 절약을 삶의 기본 태도로 삼으셨다. 여섯 남매를 홀로 키운 할머니의 억척스러움을 몸으로 배워 오셨기 때문이다. 어머니 역시 유복하지 못한 환경에서 자라 돈에 대한 결핍이 깊으셨다. 그래서 두 분 모두 입버릇처럼 "돈이 없다"는 말을 자주 하셨고, 실제로도 평생 열심히 일했지만 늘 돈이 부족했다. 말하는 대로 현실이 되어버린 것이다.

나는 자기계발서를 읽으며 이 사실을 더 확실히 알게 되었다. 말과 생각은 현실을 끌어온다. 은행에서 일하며 관찰해보니 늘 불평하는 직원 곁에는 불평 많은 고객이 몰렸고, 까다로운 고객은 어김없이 부정적인 에너지를 가진 직원과 부딪혔다. 같은 에너지는 같은 파동을 끌어당긴다. 그래서 나는 감정과 에너지를

관리하는 데 힘쓴다. 아침에 눈을 뜨면 가장 맑고 긍정적인 1~2
시간 동안 중요한 일을 처리한다. 좋은 에너지 상태에서 움직여
야 원하는 결과를 더 잘 끌어올 수 있기 때문이다.

그 수업 이후 나는 부모님에게서 물려받은 잠재의식을 돌아
보게 되었다. 남편과 나는 대기업에서 맞벌이를 했지만 늘 빠듯
했다. 급여가 올라도 마찬가지였다. 부동산 투자에 집중해 여유
자금을 두지 않았던 탓도 있지만, 마음속에서 "빠듯하다"는 생
각을 반복했기 때문일 것이다. 그 불안한 감정이 결국 빠듯한
현실을 끌어온 건 아닐까.

『백만장자 시크릿』에서 읽은 파킨슨의 법칙은 내 삶을 더욱
선명히 비춰주었다.

"지출은 수입만큼 늘어난다."

나는 돈을 더 벌수록 더 좋은 차, 더 큰 집, 더 많은 여행으로
지출을 키웠다. 겉으로는 '부동산은 자산을 붙려줬고, 여행은 아
이들의 세상을 넓혀줬다'고 합리화했다. 하지만 결국 여유자금
없이 빠듯한 삶을 반복했다. 부모님의 모습과 다르지 않았다.

은행에서 만난 부자 고객의 자녀들을 보면서도 알 수 있었다.
경제적 자유를 이룬 부모 밑에서 자란 자녀들은 자연스럽게 부
자의 습관과 마인드를 배웠다. 모두가 그런 것은 아니지만, 부모
의 태도와 사고방식을 이어받은 이들은 부를 지키거나 더 크게
성장했다.

결국 부족한 감정은 부족한 현실을 끌어온다는 것을 깨달았다. 어릴 때부터 내 안에 뿌리내린 '돈에 대한 결핍 의식'을 지우기 위해 나는 지금도 확언과 명상으로 부단히 훈련한다. 미래를 걱정하기보다 오늘에 집중하고, 감사하는 마음을 키운다. 풍요를 생각해야 풍요가 따라온다. 돈 역시 물질이자 에너지이기에 긍정적인 에너지를 가진 사람에게 자연스럽게 흘러온다고 믿는다.

# 잃어버린 나를 되찾는 세 가지 자유

$

## 시간의 자유

모든 게 다 갖춰진 듯 보였지만, 내 시간은 내 것이 아니었다. 내 시계는 은행의 시계에 맞춰 돌아갔고, 내 일정은 늘 뒤로 밀렸다. 아이의 공식 일정을 챙기기 위해 회사에 양해를 구해서 잠시 우선순위를 바꾸는 것, 그것이 내가 할 수 있는 전부였다.

　고객들의 납부 일정을 챙기느라 정신이 없던 날들, 정작 내 공과금은 미뤄져 연체로 넘어가곤 했다. 은행원이 연체라니, 그 상황이 아이러니하게 느껴졌다. 깜빡 놓친 공과금 때문에 내 돈으로 연체료를 몇 번이나 내야 했다.

VIP 팀장으로 일하면서는 더욱더 고객들의 시간을 우선으로 맞춰야 했다. 그게 내가 선택한 일이었기에 해야만 하는 일이라고 스스로를 달랬다. 하지만 점심시간을 지키지 못하는 건 힘든 일이었다. 꼭 점심시간에 맞춰 방문하시는 고객들로 인해 식사를 혼자 해야 할 때가 많았다. 보통 두 타임으로 나눠서 식사를 하러 가는데, 난 그 시간을 지키지 못하니 혼자 서둘러 끼니를 때울 때가 많았다. 처음엔 '팀장들은 원래 혼자 먹는 거지'라며 나를 위안했지만, 그런 일이 계속되다 보니 외로움과 위축감이 들었다. 직장인의 월급 뒤에는 생각보다 많은 희생이 따라온다. 지금 돌아보면, 그 모든 걸 '당연하다'고 여기며 개선하려 하지 않았던 내가 가장 안쓰럽다.

나에게 평일의 자유 시간이란 출퇴근 시간이 전부였다. 1시간 남짓 운전해 출근하고, 다시 1시간을 운전해 돌아오는 시간이 유일하게 나를 위해 쓸 수 있는 시간이었다. 차 안에서 음악을 듣고, 강의를 틀고, 오디오북을 들었다. 워킹맘에게 하루 2시간의 온전한 시간은 달콤했고 구원이 되었다. 그 2시간을 허투루 흘려보내지 않고 촘촘히 쓰자 삶의 방향이 아주 조금씩, 그러나 분명히 달라졌다. 사람들은 인생을 바꾸려면 하루를 통째로 갈아 넣어야 한다고 말한다. 하지만 나는 그렇게 생각하지 않는다.

아침에 단 30분만 일찍 일어나 나만의 시간을 확보하고, 출퇴근 시간을 의식적으로 사용하면 된다. 거대한 결심보다 작은 시간이 꾸준히 쌓일 때, 변화는 온다. 나는 그 조각 같은 시간들을 모아 회사 밖에서도 원하는 일을 시작할 용기를 얻었다.

내 시간은 그렇게, 아주 느리지만 정확하게 내게로 돌아왔다.


## 인간관계의 자유

아마 대부분의 직장인이 가장 어렵다고 느끼는 게 인간관계일 것이다. 나 역시 그랬다. 상사·동료·후배를 대하는 법은 매뉴얼이 없었다. 일은 절차대로 처리하면 됐지만, 사람 사이에는 절차가 통하지 않았다.

2~3년마다 근무지가 바뀌면 또다시 새로운 얼굴들을 맞이했고, 나는 관계의 첫 단추를 매번 새로 끼워야 했다. 고객을 통해 사람을 배웠고, 동료를 통해 나를 배웠다. 그럼에도 마음속에는 늘 같은 피로가 쌓였다. 선택하지 않은 만남이 매일 반복되는 삶 속에서 사고는 점점 획일적으로 굳어갔고, 새로운 만남에 대한 갈증은 채워지지 않았다.

고객은 불특정 다수였다. 오늘은 감사 인사를 받다가도, 내일은 이유 없는 화를 맞았다. 신입 시절, 지폐 번호를 수집하는 한 고객이 있었다. 자신이 원하는 만큼 천 원권을 내어주지 않으면

ATM에 구권을 넣어 기계를 고장 내고, 돈이 덜 들어갔다고 시비를 걸었다. 나중에 알았는데, 근처에서 김밥집을 하며 번호 좋은 지폐를 모아 되파는 분이었다.

어느 날은 그동안 받아 간 천 원권을 모아 와서 입금하며 다시 그 이상의 신권을 요구했다. 은행에 있는 신권이 본인 것이 아님에도 당당했다. 출납을 맡은 내 사수는 버티다 못해 잠시 자리를 떴고, 책임자들이 나와 사태를 수습했다. 바닥에 던져진 천 원권, 굳은 표정들, 얼어붙은 공기가 한데 어우러진 그 장면이 오래 남았다. 그 뒤로 나는 아침마다 작은 기도를 했다.

"부디 오늘은 이상한 고객이 오지 않게 해주세요."

예전에는 새로운 만남이 설렘이었지만, 어느 순간부터 낯선 사람 앞에 서면 어깨가 먼저 굳었다. 불특정 다수를 상대하는 일이 길어지자 경계심이 습관이 되었고, 낯섦은 기대가 아니라 위험 신호처럼 느껴졌다. 오래 버틴 직업의 흔적이 그렇게 나를 예민하게 만들었다.

10년 넘게 회사에 다니며 수많은 사람을 만났다. '진상'이라 불릴 만한 이들도 있었고, 삶의 귀한 이야기를 들려준 고마운 분들도 있었다. 그렇게 수없이 사람을 만나며 단단해졌다고 생각했지만, 사실은 더 예민해졌다. 상처받지 않기 위해 경계를 세웠고, 그 경계는 어느새 벽이 되었다.

10대, 20대의 나는 친구를 좋아하고 새로운 만남을 즐기는 사람이었다. 천방지축이라 불리던 그 아이는, 어느새 누군가를 마음 안으로 들이기까지 오랜 시간이 필요한 사람이 되어 있었다. 그것이 나의 방어기제라는 걸 인정하기까지도 시간이 걸렸다.

돌이켜 보면 피로의 근원은 '내가 고를 수 없던 관계'에서 왔다. 직장 안의 인간관계는 역할과 성과가 우선이고, 감정은 늘 뒤로 밀렸다. '조직의 일'이라는 이름으로 내 감정을 설득했고, '고객 중심'이라는 명분으로 내 자존을 미뤘다. 그게 '프로'라고 믿었다.

하지만 그 말 뒤에 숨은 건, 사실 내 마음을 돌보지 않는 습관이었다. 가까워지고 싶지 않은 관계에 웃음을 얹고, 지키고 싶은 경계를 스스로 허물던 날들. 그런 시간이 길어질수록 내 안의 목소리는 점점 작아졌다. 가면을 오래 쓰고 살다 보니, 어느 날은 내 얼굴이 무엇이었는지도 흐릿해졌다.

퇴사 후에야 알았다. 관계에서의 자유란 거창한 선언이 아니라 선택권의 회복이라는 것을. 모두와 잘 지내야 한다는 오래된 신념을 내려놓고, 누구와 깊어질지 선택하기 시작했다. 내 에너지를 건네고 싶은 사람, 기꺼이 마음을 내어줄 수 있는 사람, 서로의 경계를 존중하는 사람. 그 소수의 사람들과 '넓고 얕음' 대신 '좁고 깊음'을 택하자 삶이 조용히 가벼워졌다.

관계에는 적당한 거리가 필요하다. 가까움만이 사랑은 아니고, 거리를 두는 것이 무심함도 아니다.

나는 이제 적당한 거리를 유지하며 도움을 요청하고, 거절을 연습하고, 침묵을 허용하는 법을 배운다. 불편함을 참아 넘기기 보다, 불편함을 솔직하게 설명하는 쪽을 택한다.

"오늘은 어렵습니다."

"그건 제가 할 수 있는 부분이 아닙니다."

"여기까지가 제가 드릴 수 있는 최선입니다."

짧지만 정직한 문장들이 내 평온을 지켜주었다.

회사를 떠나 가장 크게 느낀 해방은, 원하지 않는 사람을 매일 만나지 않아도 된다는 사실이었다. 가끔은 치열하고 루틴한 은행의 공기가 그리울 때도 있다. 함께 울고 웃던 동료들과의 시간은 여전히 소중하다. 하지만 지금의 나는 내 시간을 내가 쓰고, 만나고 싶은 사람을 만날 수 있는 자유를 쉽게 포기할 수 없을 것 같다. 이제 새로운 집단에 들어가더라도, 예전과는 다르게 주체적으로 선택할 것이다.

인간은 자유롭게 살기 위해 태어났고, 그 자유는 거창한 것이 아니다. 소소한 선택에서 내 생각을 물어봐주는 것, 다른 사람의 기준을 덧씌우지 않고 내 감정을 존중하는 것, 불필요한 미소를 줄이고 진짜 마음을 꺼내는 것이다. 관계에서 내가 나에게 해줄 수 있는 최소한의 예의를 지키자, 세상도 내게 최소한의 예의를 돌려주었다.

퇴사 후 내가 가장 만족하는 것은 바로 이 점이다. 인간관계에서의 자유. 넓이를 줄이고 깊이를 더하자, 삶의 소음이 잦아들었다.

## 공간의 자유

내 인생 첫 해외여행 경험은 대학생 때였다. 장학 지원을 받아 다녀온 캐나다에서 '내가 낯선 곳을 좋아하는 사람'이라는 걸 알았다. 길을 헤매는 것도, 혼자 골목을 탐험하는 것도 즐거웠다. 돈은 없었지만 세계의 여행서를 모아 읽는 게 취미였다. 언젠가 나도 여행작가가 되어 그곳의 공기와 내 마음을 문장에 담고 싶다는 꿈을 꾸곤 했다. 그러나 그 꿈은 오래도록 '부자들만 가능한 일'로 밀어두었다.

뉴욕의 높은 빌딩에서 글을 쓰는 작가의 모습을 그린 책을 읽으면, 파리의 노천카페에서 노트를 펼친 내 모습을 상상했다. 그 생각만으로도 웃음이 났다. 이상하게도 그 상상은 퇴사 직전, 가장 선명했다.

현실의 나는 네모난 은행, 네모난 자리에서 9시부터 6시까지 땡똥 소리를 수십 번씩 들으며 하루를 보냈다. 평일에 자연의 빛을 받는 시간은 점심시간뿐이었다. 계절이 바뀌는 것도 놓칠 때가 많았고, 늘 짧은 주말만 기다렸다. 아이가 둘이었기에 휴일

대부분은 아이들을 위한 일정으로 채워졌다. 그래서 평일 낮에 길을 걸을 수 있는 휴가 하루가 너무나 소중했고 낮의 바람을 맞으며 걷기만 해도 마음이 상쾌했다.

움직이는 걸 좋아해서 책임자가 되었을 때 PB 분야를 자원했다. VIP 고객을 만나 외근을 다니는 일이 나와 잘 맞을 거라 생각했고, 실제로 지점에 앉아 고객을 기다리는 것보다 직접 찾아가 상담하는 일이 훨씬 즐거웠다. 고객과의 관계가 더 빨리 가까워져서 자연스레 실적으로도 이어졌다. 무엇보다 밖으로 나가 움직이는 그 시간이 내 몸과 마음을 편안하게 했다.

그전까지 나는 칸막이로 나뉜 책상과 고객 데스크 사이에서 하루 7~8시간을 붙들려 있었다. 답답함은 무기력으로 변했고, 진상 고객을 만난 날에는 '조금 더 편한 일은 없을까' 하며 구인 구직 사이트를 몰래 들여다보곤 했다. 그런 내 모습이 스스로도 실망스러웠다.

그 와중에 나를 살린 건 주말의 임장이었다. 네이버 지도를 켜고 낯선 동네를 여행하듯 걸으며 건물의 모습, 골목의 소음, 창문 너머의 생활감을 느끼고 나면 머리가 맑아졌다. 투자 동료들과 스터디하고 토론하는 시간도 행복했다. 평일에 눌려 있던 마음이 주말의 움직임으로 조금씩 펴졌고, 그때 깨달았다. 공간은 단순한 배경이 아니라, 내 생각과 감정의 프레임이라는 것을.

여행작가의 꿈은 잊었지만, 그 감각만큼은 잃지 않았다. 얼마

전 혼자 떠난 제주에서 반짝이는 바다가 보이는 조용한 카페에 앉아 글을 썼다. 컵에 맺힌 물방울, 멀리서 들리는 파도 소리, 창으로 스며드는 빛…… 그 속에서 문장은 부드럽게 흘렀다.

그때 확실히 알았다. 나는 공간이 바뀌면 생각도 바뀌는 사람이라는 걸.

그래서 일이 잘 안 풀리거나 막막할수록 먼저 장소를 바꿨다. 집보다는 돈을 내고라도 정리된 공간에 가서 머물렀다. 공간이 주는 힘을 알기에, 의식적으로 새로운 장소에 나를 노출시켰고 그 선택은 비용 이상의 효용을 주었다. 마음이 헝클어질 때 공간을 바꾸면 생각이 정리됐고, 생각이 정리되면 행동이 가벼워졌다.

치열한 일상 속에서도 자신을 돌볼 수 있는 나만의 공간은 꼭 필요하다고 말하고 싶다. 작은 테이블 하나라도 빛이 드는 쪽으로 옮기고, 하루 중 몇 분이라도 창가를 바라보며 숨을 고르고, 주 1회는 익숙하지 않은 동네를 걸어보는 일. 그 사소한 행동들이 삶의 방향을 조금씩 바꿔놓았다.

돌아보면 내 결핍은 '밖으로 나가고 싶은 마음'을 오랫동안 미뤄온 데서 비롯됐다. 회사의 네모 안에 오래 머물수록 내 시야도 네모가 되었다. 장소가 바뀌면 만나는 사람과 시선이 달라지고, 시선이 달라지면 생각이 달라지고, 생각이 달라지면 결국 삶이 달라진다.

모두가 나처럼 회사를 그만둘 필요는 없다. 다만, 각자의 자리에서 자신에게 맞는 바깥을 마련하길 바란다.

# 내 안의 결핍을 받아들이다

$

어릴 적 나는 친구들에게 인기가 많은 아이였다. 먼저 다가가지 않아도 친구들이 내게 다가왔고, 다가오는 친구들과는 가리지 않고 함께 놀았다. 겉으로는 사교적이고 밝았지만, 사실 내가 마음속으로 친해지고 싶은 친구에게는 쉽게 다가가지 못했다. 괜히 거절당할까 봐, 내가 먼저 다가가는 게 자존심이 상해서 그저 다가와주길 바랐다. 지금 생각해보면 그것은 알량한 자존심이었다.

이런 인간관계의 패턴은 사회에 나왔을 때도 비슷하게 이어졌다. 내게 먼저 호감을 표현하는 사람에게 마음이 갔다. 나는 늘 '선택받는 쪽'이었지, '선택하는 쪽'이 아니었다. 그렇게 나는 인간관계 속에서 늘 수동적인 사람이었다는 걸 늦게 깨달았다.

언제부턴가 나는 '소외된 것들'에 자연스럽게 마음이 갔다. 다수가 옳다고 하는 길 앞에서 속으로는 "꼭 그게 정답일까?"라고 되묻곤 했다. 겉으론 조용했지만 내 안에는 늘 다른 목소리가 있었는데, 어쩌면 그것은 어릴 적 내가 느꼈던 소외감에서 비롯된 것인지도 모른다.

초등학교 6학년 때, 가장 친하다고 믿었던 친구 다섯 명이 어느 날부터 갑자기 나를 따돌렸다. 이유도 모른 채 혼자 남겨졌고, 다시 관계를 돌리기까지 꽤 오랜 시간이 걸렸던 것 같다. 쉬는 시간마다 교실에 혼자 남겨졌다는 사실이 견디기 힘들었다. 전체가 나를 외면한 것도 아닌데, 다른 친구들에게 먼저 다가가는 게 왜 그렇게 어려웠던 건지……. 그래서 나는 '혼자 있는 척'하기로 했다. 마음은 시끄러운데 자는 척, 조용한 척하며 겉으론 아무렇지 않은 척 버텼다.

그때의 나는 자존심이 셌다. 아니, 정확히 말하면 자존감이 낮은 사람이었다. 그 어린 시절의 소외감은 오랫동안 내 안에 머물렀고, 성인이 되어서도 인간관계 속에서 나를 조용히 흔들었다. 회사에서 상처받을 때마다, 인정받지 못한다고 느낄 때마다 나는 그 초등학교 교실의 한가운데로 되돌아갔다.

서른 중반이 넘어서야 비로소 내 안에 있던 그 결핍을 마주했다. 내면아이 치유를 시작했고, 나를 소외시켰던 과거의 감정과 정면으로 마주 앉았다. 그리고 상처받았던 그 아이를 지금이라도 잘 보듬어줘야겠다고 다짐했다. 그때의 아픔이 있었기에 나는 지금 '소외된 사람들'과 '소외된 주제들'에 귀를 기울일 수 있게 되었다.

누군가의 아픔을 있는 그대로 바라보고, 다수의 의견에 묻히지 않고 다른 관점을 존중하게 된 것도 그 경험 덕분이다. 개발에 밀려 사라지는 환경문제나 세상의 중심에서 비켜난 사람들의 이야기에 마음이 가는 이유도, 어쩌면 그때 느꼈던 외로움이 남아 있기 때문일 것이다.

이제는 안다. 결핍은 부끄러운 것이 아니라, 나를 깊게 만드는 힘이라는 것을. 누구에게나 아픔이 있고, 크고 작은 결핍이 있다. 그런데 그 결핍이 나를 더 인간답게 만들었고, 세상을 더 따뜻한 눈으로 보게 했다.

소위 뛰어난 성취를 이룬 사람들 중에는 어린 시절 깊은 상실이나 결핍을 경험한 이들이 적지 않다. 전기(傳記) 기반 연구에서도 반복적으로 나타나는 사실이다. 어린 나이에 부모를 잃거나, 가난과 외로움 속에서 자라난 사람들이 훗날 각자의 분야에서 탁월한 성취를 이루는 경우가 많다. 이는 결핍이 반드시 약점이 아니라는 것을 보여준다. 결핍은 때로 우리를 단단하게 만들고, 더 깊은 성찰과 공감의 능력을 길러주는 토양이 되기도 한다.

그래서 나는 결핍을 두려워하지 말자고 말하고 싶다. 결핍이 있다는 건 단지 무언가 부족하다는 뜻이 아니라, 누군가의 마음을 더 섬세하게 이해할 수 있다는 신호다. 그 깨달음이 내 삶을, 그리고 내가 마주하는 세상을 조금 더 따뜻하게 만들었다.

내 안의 결핍, 특히 '소외감'이라는 감정은 나를 겸손하게 만들었고, 다른 사람의 마음을 이해하는 데 큰 도움이 되었다. 하지만 그 결핍은 단지 관계에서 비롯된 것만은 아니었다. 어쩌면 나는 태어날 때부터 조금 '다르게 세상을 느끼는 사람'이었는지도 모른다.

나는 늘 머릿속이 복잡하고, 생각이 끊임없이 이어지는 사람이었다. 하나의 생각에 집중하려 하면 또 다른 생각이 이어지고, 주변의 소리, 사람들의 표정, 공기의 미세한 흐름까지도 다 느껴졌다. 은행에서 일할 때는 이런 특성이 오히려 버거움으로 다가왔다. 실수를 줄이기 위해 남들보다 몇 배로 세세하게 점검했고, 회의가 끝난 뒤에도 혹시 놓친 것이 있을까 걱정하며 다시 확인했다. 그만큼 에너지를 많이 쏟았고, 자주 지쳤다.

예전의 나는 그런 나 자신을 이해하지 못했다. '왜 나는 남들처럼 한 번에 척척 해내지 못할까. 왜 나는 이렇게 생각이 많고 복잡하며 산만할까' 자책하며 그것을 내 단점이라고만 여겼다.

하지만 지금은 다르게 본다. 그 '복잡한 나' 덕분에 나는 누구보다 섬세하게 세상을 느낀다. 사람의 표정 속에 스치는 미묘한 감정, 말 뒤에 숨은 진심, 사소한 변화 속의 의미를 포착하는 감수성은 그때부터 길러진 내 안의 능력이었다. 남들보다 느리지만, 더 깊게 느끼는 사람. 그것이 바로 나였다.

이제는 그 결핍을 숨기지 않는다. 그건 나의 결함이 아니라, 나만의 색깔이고 리듬이다. 여전히 집중이 흐트러지고, 생각이 너무 많아 나 자신을 다독여야 할 때도 있다. 그래도 괜찮다. 나는 이제 그런 나를 있는 그대로 받아들인다. 오히려 그런 나이기에 세상을 더 다층적으로 바라보고, 사람의 마음을 더 깊이 이해할 수 있다.

이 고백을 통해 전하고 싶은 이야기가 있다. 혹시 나처럼 자신의 결핍 때문에 힘들어하는 사람이 있다면, 그 결핍을 부정하거나 감추지 않았으면 좋겠다는 것이다. 그것은 당신이 부족해서가 아니라, 세상을 더 풍부하게 느낄 수 있는 감각을 타고났다는 증거일지도 모른다. 결핍은 때로 우리를 괴롭히지만, 그 안에는 성장의 씨앗이 숨어 있다. 나의 결핍이 나를 더 깊고 단단하게 만들었듯, 당신의 결핍도 언젠가 당신만의 빛으로 피어날 것이다.

# 퇴사, 또 다른 문을 열다

$

우리는 늘 '언젠가'를 입에 달고 산다. 나 역시 그랬다. 해보고 싶고 아직 이루지 못한 것의 1순위는 세계 여행이었다. 퇴사하면 제일 먼저 떠나겠다고 다짐했지만, 막상 그 시간이 왔을 때 나는 움직이지 못했다.

퇴사 후에도 마음 한구석에는 여전히 "무언가를 또 증명해야 한다"는 압박이 자리했다. 여행 대신 해야 할 일들로 일정을 빽빽하게 채웠고, 회사 다닐 때와 다르지 않은 루틴을 성실히 지켜나갔다.

돌이켜 보면 내가 '언젠가'로 미뤄둔 건 거창한 꿈만이 아니었다. 평일 오후, 학교를 마친 아이들을 집에서 맞이하는 일. 아이들의 학교 행사에 빠지지 않고 참석하는 일. 나에게 영감을 주는 사람들을 시간에 쫓기지 않고 만나는 일. 평일 낮 예쁜 카페에 가서 글을 쓰는 일.

사실 퇴사라는 선택 하나만으로도 나는 이미 미뤄왔던 자유를 조금씩 되찾고 있었다. 그래서 세계 여행에 대한 계획도 내려놓았다. 한 번에 세계를 자유롭게 여행하는 삶 대신, 내 삶의 균형 안에서 '조각 여행'을 즐기기로 했다. 마음의 흐름을 따라 일도 여행도 조금씩, 그러나 꾸준히. '언젠가'라는 애매한 미래 대신, 오늘의 캘린더 안에 꿈의 작은 조각들을 끼워 넣기로 했다. '언젠가'라는 말은 사실 스스로에게 하는 공손한 미루기다.

"언젠가 시간이 나면 글을 써야지."

"언젠가 여유가 생기면 여행을 가야지."

"언젠가 아이들이 크면 나답게 살아야지."

하지만 그 '언젠가'는 좀처럼 오지 않는다.

그래서 나는 스스로에게 물었다. 지금, 아주 작게라도 넣을 수 있는 건 없을까?

작가라는 문도 그랬다. "내가 무슨 작가야"라는 말이 더 익숙하던 때가 있었다. 책 읽기는 좋아했지만 글쓰기는 다른 세계라 여겼기에 배운 적도, 꿈꿔본 적도 없었다. 그런데 내가 회사의 문을 닫고 나오자, 세상에 무수한 문들이 동시에 열렸다. 조심스레 '작가'라는 문을 밀어 보았는데 길이 열렸고, 인스타그램도 마찬가지였다. '인플루언서'라는 새로운 문 앞에 서서 손잡이를 잡는 데까지 시간은 걸렸지만, 한 번 열고 나니 어느새 '내 집 마련 크리에이터'로 불리며 누군가의 길잡이가 되어 있었다.

인생의 문 앞에서는 언제나 탐색이 필요하다. 내가 바라는 삶을 이미 살고 있는 사람들의 문 앞에 서보자. 그 문이 어떤 재료로 만들어졌는지, 손잡이는 어느 방향으로 돌아가는지, 안에서는 어떤 대화가 오가는지 귀 기울여보자. 그러다 용기 내어 한 걸음만 더 나아가면, 신기하게도 문은 밖에서만 열리는 게 아니라 안에서도 누군가가 동시에 손잡이를 돌려준다는 걸 알 수 있다. 그 누군가는 대부분 '새로운 나'이거나, 그 길을 먼저 걸어간 사람이다.

회사를 나오고 나서야 비로소 깨달았다.

은행원이 되고 싶어 은행의 문을 두드렸듯, 작가로, 크리에이터로, 투자자로 살아가기로 한 것도 결국 내 선택이었다는 것을. 회사 안에 있을 땐 몰랐다. 내 직업과 정체성은 '배정'되는 게 아니라, 내가 '설계'하고 '부여'하는 것이란 걸. 하나의 문이 닫히면 다른 문이 열린다. 중요한 건, 스스로 닫고 여는 용기를 가지는 일이다.

두려움은 늘 먼저 찾아온다. 나이가 많아서, 무엇을 원하는지 몰라서, 완벽하지 않아서, 지금의 안정이 너무 달콤해서 내 발목을 붙잡는 변명들을 오랫동안 끌어안고 살았다.

하지만 단 한 번, 그 두려움과 정면으로 마주 서서 넘어가는 순간이 있다. 그리고 바로 그 한 번의 경험이, 이후의 모든 도전에 용기와 자양분이 되어준다.

## 완벽한 타이밍은 없다
### 먼저 시작하고, 완벽을 향해 매일 조금씩 나아갈 뿐이다

나는 '완벽한 타이밍'을 기다리며 현재의 행복을 미뤄왔다. 아이와의 시간도 그랬다.

"이 일만 마무리되면 더 많이 놀아줘야지."

"다음 방학에는 이런 체험을 함께 해봐야지."

그 약속들은 자꾸 미뤄졌고, 아이는 어느새 훌쩍 자랐다. 늘 눈앞의 불부터 끄느라 '해야 하는 일'에 매달렸고, 그 사이 '더 중요한 일'을 놓치곤 했다. 그래서 내 삶에도 '핵심 가치의 우선순위'가 필요하다는 걸 깨달았다.

가치는 사람마다 다르다. 건강, 가족, 성장, 부, 경제적 자유, 공헌, 자유, 안정, 평온, 커리어, 여가, 취미…… 이름이 무엇이든 상관없다. 중요한 건 그것을 내가 먼저 정의하고, 그 순서를 내가 정하는 일이다.

돌아보면 지난 몇 년간 나는 '부, 경제적 자유, 개인 성장'에 집중하느라 '건강'과 '가족'을 소홀히 했다. 그 이후로 나는 선택의 순간마다 스스로에게 묻는다.

"이건 내 핵심 가치의 우선순위에 맞는가?"

그렇게 기준을 세우면, 판단은 눈치가 아니라 가치가 대신 내려준다.

한국인은 성실하고 부지런하며 빠르게 실행한다. 하지만 방향 없는 성실과 열심은 오히려 후회를 낳는다. 그리고 그 방향을 흔드는 힘은 종종 결핍과 상실에서 온다.

우리는 보이지 않는 허기를 채우기 위해 더 빨리, 더 많이, 더 열심히 움직인다. 그러나 그렇게 달리다 보면 '무엇을 위해'라는 본질을 잃는다.

문은 크기가 아니라 방향이 열어준다. 그리고 그 방향은 내가 정한 '1번 가치'를 향해 있어야 한다. 바른 방향으로 단 한 걸음 내디딜 때, 내일의 또 다른 문이 보인다. 언젠가 우리는 문 앞이 아니라 문 너머에 서 있을 것이다. 그 여정은 거창하지 않다.

오늘, 일상 속에서 작은 문 하나를 열어보자.

동네의 새로운 길을 걸어보는 일, 감사 일기 한 줄을 적는 일, 평소 관심 없던 책의 한쪽을 읽는 일…… 그 사소한 시작들이 결국 우리의 인생 방향을 바꾼다.

# 핵심 가치 우선순위를 찾는 법

① 중요한 가치들을 떠오르는 대로 10~15개를 쓴다.

② 중요 가치 다섯 가지를 찾는다. "지금 당장 하나만 지킨다면?"을 계속 물으며 줄인다.

③ 순서 매기기: 1→5번까지 줄 세운다. 동점 금지.

④ 충돌 규칙 선언: "A와 B가 충돌하면 나는 A를 택한다"를 한 줄로 적는다. (예) '건강'과 '가족'이 충돌하면, 건강을 택한다." (사람마다 다를 것이다. 자신의 가치대로!)

> 가족, 성장, 부, 명예, 자유, 평등, 존중, 평화, 기여,
> 협동, 열정, 행복, 유머, 도전, 용기, 공감, 신설, 지식,
> 종교, 배움, 평판, 책임, 자존감, 영성, 봉사, 지혜,
> 성공, 평정심, 긍정성, 내면의 조화, 의미 있는 일

참고·응용: https://jamesclear.com/core-values

**의사결정 전 다섯 가지 체크리스트**

① 이 선택은 1번(예: 건강) 가치에 맞는가?

② 1번 가치를 해치지 않는 최소한의 범위는 무엇인가?

③ 이번 주 캘린더에 1번·2번 가치 시간을 먼저 넣었는가?

④ '해야 해서'가 아니라 '원해서' 하는가?

⑤ 예외로 둬야 할 상황은 아닌가?


**(예시)**

나의 핵심 다섯 가지: 가족 → 건강 → 성장 → 경제적 자유 → 공헌

충돌 규칙: "수입이 늘어도 가족 시간과 운동 시간을 줄이지 않는다."

# PART 2

# 끌어당김의 힘은
# 누구에게나 있다

# 사람은 생각하는 대로 된다

$

"사람은 생각하는 대로 된다."

얼 나이팅게일의 책 제목이자 그의 핵심 메시지다. 비슷한 말을 수도 없이 들었지만, 그의 책을 읽으며 내 삶을 돌아보니 이 말은 결코 과장이 아니었다. 나는 지나온 과정을 되짚으며, 결국 내가 품은 생각대로 살아왔음을 확인했다.

지방의 작은 도시에서 자란 나는 어린 시절부터 늘 서울을 동경했다. 그 마음의 씨앗은 아마도 TV 속 드라마에서 심어졌을 것이다. 반짝이는 불빛 아래 하이힐을 신고 또각또각 걷던 여주인공, 높은 빌딩으로 당당히 들어가던 커리어우먼의 모습은 어린 내 눈에 너무나 선명하게 각인되었다.

'나도 저런 어른이 되고 싶다.'

무엇을 하고 싶은지는 몰랐지만, 서울에서 공부하고 일하며 내 삶을 펼치고 싶다는 막연한 꿈 하나로 힘든 수험생 시절을 버텼다.

그 무렵, 대학 생활을 배경으로 한 시트콤이 큰 인기를 끌었다. 공부도, 아르바이트도, 인간관계도 야무지게 해내던 여대생 캐릭터를 보며 나도 대학에 가면 저런 사람이 되어야겠다고 다짐했다.

시간이 흘러 마침내 서울에서 대학 생활을 시작하게 되었고, 서울역에 도착해 처음 높은 빌딩들을 마주하던 순간의 설렘은 지금도 생생하다. 그날 나는, 오래도록 꿈꿔온 '새로운 세계의 문 앞'에 서 있었다.

입학 후에는 "취업을 위해서는 학점이 중요하다"는 말을 자주 들었다. 나는 수차례 장학금을 받을 만큼 성실히 공부했고, 아르바이트도 쉼 없이 이어갔다. 의식한 건 아니었지만, 어느새 시트콤 속 여주인공처럼 하루를 꽉 채워 살아내는 대학생이 되어 있었다.

닭갈비집, 도넛가게, 빵집, 횟집, 과외, 사무직, 교내 자판기 관리까지…… 손이 닿는 일마다 최선을 다했다. 그중에서도 대학교 앞 도넛가게에서 일하던 시절이 가장 기억에 남는다. 일과가 끝나고 남은 도넛을 받아 들고 가던 길, 출출한 밤에 먹던 그 달콤한 맛은 가난했지만 행복했던 20대의 상징처럼 기억 속에 남아 있다. 나는 정말로 내가 그렸던 '생활력 강한 대학생'의 모습을 현실로 살아내고 있었다.

그러던 어느 날, 평범했던 한 선배가 은행원이 되어 학교에 나타났다. 은행 취업은 그때나 지금이나 바늘구멍 같던 시절이었기에 그 선배가 더욱 특별해 보였다. 조용하고 두드러지지 않던 사람이었는데, 어느새 메이저 은행에 취업해 있었다. "나도 할 수 있지 않을까?" 막연하던 취업이 그 순간 가능성으로 다가왔다.

며칠 후, 나는 학교 근처에 있던 선배가 입사한 은행 안으로 들어갔다. 그 은행 통장 하나 없는 나에겐 낯설고 두려운 공간이었다. 창구에 앉아 당당히 일하는 은행원들을 바라보며 '유니폼도 예쁘고, 월급도 안정적이고, 정말 멋지다'라는 생각만 했다. 결국 조용히 은행을 나왔지만, 그 장면은 오래도록 내 마음에 남았다.

아버지의 취업 압박과 선배의 취업 소식에 마음이 뒤숭숭한 시기에 마침 은행에서 계약직을 모집한다는 소식을 듣고 나는 주저 없이 지원했다. 일반 회사 취업을 목표로 준비하지 않아서 정규직은 감히 엄두도 못 냈지만 속으로 이렇게 다짐했다.

"비록 비정규직으로 시작해도 언젠가는 정규직으로 전환되리라."

승무원 준비 이후 처음으로 자소서를 정성껏 쓰고 면접을 준비했다. 첫 회사 면접이었지만 감사하게도 합격했다. 그때부터 나의 목표는 단 하나였다.

"이곳에서 반드시 인정받고, 정규직으로 남겠다."

낯선 업무도 마다하지 않았다. 고객 응대부터 발로 뛰는 영업, 야근과 자격증 공부까지 할 수 있는 건 뭐든 했다. 매일 아침 출근길, 나는 스스로에게 다짐하곤 했다.

"오늘도 버티자. 언젠가 이 시간이 내 인생의 밑거름이 될 거야."

그 다짐대로 나는 결국 정규직 전환에 성공했다.

돌아보면 은행 입사, 정규직 전환, 내 집 마련, 4급 승진, VIP 팀장 보직까지 20대의 나로선 감히 상상도 못했던 일들이었다. 하지만 그 모든 시작은 거창한 목표에서 비롯된 게 아니었다.

"서울에서 공부하고 싶다."

"내 힘으로 집을 마련하고 싶다."

그 단순한 바람 하나에서 출발했고 그 작은 생각들이 마음속에서 차츰 그림이 되어 현실이 되었다.

라이트 형제가 비행기를, 벨이 전화를, 에디슨이 전기를 발명할 수 있었던 것도 모두 '처음의 생각'에서 출발했다. 세상을 바꾸는 거대한 발명이 아니더라도, 우리는 스스로의 삶을 바꿀 수 있다.

좋아하는 일에 몰두하고, 자신을 믿으며, 매일 조금씩 전진한다면 그 결과는 반드시 찾아온다.

그러니 지금 이 글을 읽는 당신도 잠시 책을 덮고, 자신의 삶을 조용히 돌아보길 바란다. 분명 '생각이 현실이 되었던 순간'이 있을 것이다.

혹시 지금 떠오르지 않더라도 괜찮다. 이제부터 만들어가면 된다. 나의 이야기가 누군가에게 '그 시작을 믿을 수 있는 용기'가 되길 바란다.

# 목표는 크고 뾰족하게 세워라

$

경제적 자유를 만들겠다는 결심 이후, 처음 부동산 경매를 시작하면서 내가 가장 먼저 관심을 가진 것은 상가와 다가구 주택이었다. 퇴사 후에도 급여처럼 안정적인 현금 흐름을 만들 수 있는 방법이 무엇일지 고민하다 보니 자연스레 월세가 떠올랐고, 수익형 부동산에 마음이 끌렸다. 상가는 공부해도 쉽지 않았고 두려움이 컸다. 하지만 통건물 하나를 소유하는 다가구 주택은 상가보다 공실 위험이 적고 더 안정적인 수익을 기대할 수 있다는 점이 매력적이었다.

다가구 주택은 겉으로 보면 빌라와 비슷하지만 구조는 완전히 다르다. 소유자가 건물 전체를 갖고, 최대 19가구까지 임대를 놓을 수 있다. 반면 다세대 주택(빌라)은 세대마다 소유주가 따로 있다. 이 차이를 이해하니 '건물 하나를 온전히 갖는다'는 그림이 더 크게 다가왔다. 처음엔 그런 건물은 큰 부자들만 가질 수 있는 거라고 생각했지만, 경매를 공부하면서 생각이 달라졌다. 대출을 잘 활용하면 생각보다 적은 자본으로도 소유가 가능하겠다는 확신이 들었고, 그 순간부터 '이건 반드시 해내야 한다'는 열망이 생겼다.

경매 투자에서는 언제나 명도와 대출 가능 여부가 가장 긴장되는 순간이었다. 특히 다가구 주택은 대출 한도를 최대한 확보하기 위해 신탁대출이 필요한 경우가 많은데, 1금융권에서는 잘 다루지 않는 방식이라 더 생소했다. 자료를 찾아보고 공부했지만 명확히 감이 오지 않았다. 결국 직접 부딪히는 수밖에 없다는 결론에 이르렀다. 나는 그때부터 매일같이 '다가구 건물주가 된 나'를 상상했다. 다이어리에는 이렇게 썼다.

"월세 ○○○만 원 받는 다가구 주택 낙찰, 건물주 됨에 감사합니다."

그리고 놀랍게도, 실제로 그 다이어리에 적어둔 것과 거의 똑같은 금액의 순수익을 얻게 되었다. 아쉬운 점은 처음부터 목표 금액을 더 크게 잡지 않았다는 것이다. 성공한 사람들이 왜 늘 목표를 크게 세우라고 하는지 알 것 같았다. 목표를 크게 잡아야 그에 맞는 물건을 찾고, 방법을 떠올리고, 공부의 깊이가 달라지기 때문이다. 사람의 욕심은 끝이 없다는 말도 실감났다. 경매를 시작할 때는 '월세 50만 원만 있어도 좋겠다'는 소박한 바람이 간절했는데, 이제는 더 큰 목표를 그리지 않은 게 아쉽다고 말하는 내가 되어 있었다. 그래서 나는 독자들에게 "머릿속에 떠오른 현실적인 목표에서 멈추지 말고, 최소 두세 배 더 크게 잡으라"고 말해주고 싶다. 목표의 70~80%만 달성해도 처음의 소박한 바람을 훌쩍 뛰어넘어 있을 것이다.

나는 2022년 5월부터 다가구 주택을 집중적으로 공부하며 전국을 임장했고, 2023년 10월 마침내 낙찰에 성공했다. 1년 6개월 동안 주말마다 남편과 함께 발품을 팔았다. 수익률을 계산하고, 지방을 돌며 물건을 살펴보고, 그렇게 다닌 도시가 열여섯 곳이었다. 즐겨찾기에 저장해두고 손품을 판 물건까지 합하면 200건 가까이 되었다. 아이를 키우고 회사에 다니면서도 이렇게 한 가지 목표에 집중할 수 있었다는 게 스스로도 신기했다.

명확한 목표는 누구에게나 놀라운 힘을 준다. 나라고 해서 특별했던 것이 아니다. '월세 세팅 후 퇴사'라는 구체적이고 뾰족한 목표가 있었기에 가능했다. 인스타그램을 시작했을 때도 마찬가지였다. 4개월 만에 1만 팔로워를 만들 수 있었던 이유 역시 뾰족한 타겟팅 덕분이었다. 목표가 뚜렷하면, 우리의 시선은 그곳을 향하게 되고, 결국 현실에서 결과로 나타난다. 양자역학의 관찰자 이론처럼 우리가 목표를 꾸준히 바라볼 때, 그것은 언젠가 눈앞에 실현된다.

임장은 나에게 단순한 공부가 아니라 남편과 함께 떠나는 여행 같았다. 건물을 바라보며 '내가 이 건물의 주인이 된다면 어떨까' 상상했고, 물건 하나하나에 설렘을 느꼈다. 주말이면 시어머님이 두 아이를 사랑으로 돌봐주셨기에 마음 놓고 다닐 수 있었다. 어머님이 계시지 않았다면 내 투자 여정은 훨씬 더 길고 고단했을 것이다. 나는 워킹맘으로 살면서 남편의 시간, 시어머님의 도움, 아이들이 자는 시간까지도 모두 내 자원으로 삼았다. 이것이 나의 레버리지였다.

롭 무어는 『레버리지』에서 이렇게 말한다.

"레버리지를 활용하지 않으면, 결국 당신은 타인의 계획 속에서 시간당 급여를 받는 인생을 살게 될 것이다. 선택하라. 레버리지할 것인가, 레버리지 당할 것인가."

나는 '레버리지 당하는 삶'을 거부했다. 그래서 2022년과 2023년을 나의 '미친 해'로 만들었다. 주말 육아를 시어머님께 온전히 맡기고, 집안일과 친목 일부를 내려놓는 대신 내 인생의 속도를 끌어올렸다. 은행에 다닐 때는 고객 응대 때문에 사적 연락을 받기 어려워 아이 학원 연락은 남편이 전담했고, 나는 필요한 친목만 최소한으로 이어갔다. 모든 걸 다 잘할 수는 없어서 과감히 선택하고 위임했다. 시간도, 가족의 도움도, 대출도 전략적으로 활용하는 것이 워킹맘이자 투자자로서 내가 택한 방식이었다.

　물론 대출은 위험도 크다. 내 집 마련에서조차 대출 없는 사람은 거의 없다. 그래서 나는 늘 내 집 마련을 고민하는 사람들에게 "원리금 상환액과 나의 현금 흐름, 이 두 가지만큼은 반드시 따져봐야 한다"고 말한다. 긍정적인 마음가짐은 중요하지만, 투자에서는 언제나 최악의 시나리오까지 고려해야 한다. 그래서 '내가 정말 이 상황을 감당할 수 있을까?'라는 질문에 답할 수 있을 때만 움직이는 것이 내 원칙이었다.

　2022년 겨울, 두 번째 코로나에 걸렸을 때 몸은 만신창이였지만 열망만은 꺼지지 않았다. 격리 해제 후 주말, 나는 다시 대전으로 향했다. 낙찰받은 물건의 임차인이 이사 나가는 날이었고, 그 틈에 내부를 확인해야 했기 때문이다. 나는 늘 지방 임장을 갈 때, 한 건만 보지 않았다. 시간을 최대한 아끼기 위해 여러 물건을 묶어 확인했다. 그러나 그날은 폭설이 내려 교통이 마비되었다. 택시는 잡히지 않았고, 버스를 타고 내려 수백 미터를 걸으며 길을 헤매야 했다. 코로나 후유증으로 몸은 힘들었지만, 추위와 눈발 속에서 나는 스스로에게 말했다.

　'그래, 이렇게 열심히 하는데 하늘이 도와서라도 꼭 다가구 낙찰 받을 수 있을 거야.'

　그날의 혹독한 경험은 결국 내 발걸음을 더 단단히 만들었다. 그리고 마침내 나는 첫 다가구 주택 입찰에 나섰다. 사실 물건

상태는 엉망이었고, 건물 안 복도는 방치되어 타일이 깨져 있었다. 남편은 임장을 다녀와서 이렇게 말했다.

"왠지 아무도 입찰 안 할 것 같아."

그 말은 이상하게도 내게 기회처럼 들렸다. 건물이 오래 방치되어 내부가 엉망이긴 했지만, 준신축이었고, 약간의 수리만 한다면 충분히 가치 있는 물건이라 판단했다. 우리는 최저가로 입찰했고, 뜻밖에도 단독 낙찰에 성공했다. 결과를 확인한 순간, 가슴 깊은 곳에서 올라온 감정은 단순한 기쁨을 넘어 확신에 가까웠다. 단독 낙찰은 보통 불안감을 동반한다. 경쟁자가 없는 물건이라면 뭔가 하자가 있는 건 아닐까 의심이 드는 게 당연하다. 하지만 우리는 문제의 본질을 꿰뚫어 봤고, 다른 사람들이 불안해하며 외면한 틈을 기회로 만들었다.

새로운 도전에는 언제나 두려움이 따른다. 하지만 그 불편하고 불안한 마음은 우리가 성장하고 있다는 증거다. 안정을 추구하는 본능을 넘어설 때, 진짜 기회가 열린다. 나는 그 순간을 통해 두려움과 불편함을 기꺼이 받아들이고 다스릴 때, 그 길 끝에는 반드시 새로운 성취가 기다리고 있다는 것을 배웠다.

# 500억을 지켜낸 간절한 시각화

$

은행에 근무하던 시절, 우리 지점에는 '최고 VIP'라 불릴 만한 고객이 있었다. 나는 VIP 자산관리 팀장을 맡아 개인 예금은 물론이고 법인 자금까지 함께 관리했다. 사실 규모로만 따지면 개인 예금보다 기업 예금이 훨씬 크다. 개인이 거액의 자산을 보유하면 세금 부담도 커지기 때문에 매출과 수익이 일정 수준을 넘어서면 대부분 법인으로 전환한다. 법인세율이 개인 소득세율보다 낮기 때문이다. 그래서 많은 기업 대표들이 개인 자산보다는 법인 자산을 늘려가는 전략을 택한다.

우리 지점의 '1번 VIP'는 탄탄한 매출과 영업이익을 내는 중견기업의 대표였다. 과거 지점 근처에서 작은 회사를 운영하던 시절부터 거래를 시작해, 자수성가 끝에 사옥을 세우고 본사를 이전하신 분이었다. 지점과 회사의 거리는 차로 왕복 2시간이 넘게 걸렸지만, 오랜 인연과 막대한 자산 때문에 나는 한 달에 한 번씩 꾸준히 업체를 방문하려 애썼다. 다만 너무 자주 가면 부담스러워하실까 봐 그 정도 간격을 유지했다.

그러던 어느 날, 뜻밖의 이야기가 들려왔다. 회장님이 연로하셔서 이제는 가까운 지점에서 자금을 관리받고 싶다는 전언이었다. 처음엔 당연하다고 여겼다. 나이가 있으시니 지점이 먼 것이 불편하실 테고, 편한 곳으로 옮기시는 게 맞다고 생각했다. 하지만 돌아오는 길에 마음이 무거워졌다. '혹시 내가 뭘 잘못한 건 아닐까?' 하는 불안이 엄습했기 때문이다. 업무에 미숙했던 부분은 없었는지, 이전 팀장들과 비교당한 것은 아닌지, 아니면 단순히 내가 마음에 들지 않으셨던 건지…… 수많은 부정적인 생각이 꼬리를 물었다. 지점장님께 보고할 때 어떤 반응이 나올지도 걱정스러웠다. 아니나 다를까 지점장님의 반응은 단호했다.

"이 팀장이 더 자주 찾아가지 않아서 그러시는 거 아냐? 관리 소홀이 문제인 것 같다."

억울했지만, 회장님의 진심은 알 수가 없었다. 아마 두 가지 이유가 겹쳐 있었을 것이다. 내가 아직 충분히 신뢰를 얻지 못했을 수 있고, 동시에 연로하신 만큼 앞으로의 자금 관리를 위해 가까운 곳을 찾으신 것도 사실일 것이다.

그래도 직접 확인해야겠다는 생각이 들었다. 그래서 꾸준히 장거리를 오가며 회장님을 뵐 기회를 만들고자 했다. 하지만 비서가 쉽게 만남을 주선해주지 않았다. 매번 커다란 사옥 앞에 서면 위축되는 기분이 들었지만, 속으로 '정신 차려!' 하고 마음을 다잡으며 인터폰을 눌렀다. 어느 날, 마침 비서가 자리에 있었고 회장님께 전화가 걸려왔다. 그때다 싶어 눈빛과 손짓으로 만나 뵐 수 있게 해달라고 부탁했고, 비서는 "이 팀장이 와 있습니다"라고 전했다. 잠깐의 침묵 뒤에 "들어오라"는 한 마디를 들을 수 있었다. 그렇게 극적으로 회장님을 뵙게 되었다. 회장님은 내게 몇 가지 경제 상황을 물으셨다.

"이 팀장, 지금 경기가 너무 안 좋아. 스태그플레이션으로 가고 있잖아. 스태그플레이션 알지?"

"네, 회장님. 경기가 침체된 상황에서도 물가가 계속 오르는 현상을 말합니다."

그 순간 알았다. 회장님은 나를 시험해보고 계셨다는 걸. "그래, 그 정도 알면 됐어" 하고 넘어가실 때 비로소 안도의 숨을 내쉴 수 있었다. 곱씹어 보니 당연한 일이었다. 수백억 원의 자산을 맡긴 입장에서 내 전문성을 확인하고 싶으셨을 것이다. 그리고 긴 대화를 통해서 회장님이 정말로 가까운 지점을 원하신다는 것도 알게 되었다. 모든 소통 창구가 나 혼자였고, 연세가 많아 직접 방문이 어렵다 보니 답답한 순간이 많으셨던 것이다. 충분히 이해할 수 있었다. 나는 회장님께 가까운 지점으로 원활히 옮겨드리겠다고 약속드렸다. 그날 회장님이 하신 수많은 말씀 가운데 가장 선명하게 남은 말이 있다.

"일하는 것 자체가 자유다."

나는 얼떨떨했다. 우리는 흔히 '자유'를 의무에서 벗어난 상태로 착각한다. 일하지 않아도 되는 것, 고용되지 않는 것, 쉼과 여유를 자유라고 생각한다. 그런데 회장님은 "자유는 스스로 선택한 일을 내 방식대로 할 수 있는 힘"이라는 정반대의 시각을 보여주셨다. 그 무게와 책임이 어떻든, 내가 선택한 일을 통해 존재를 증명하는 것, 그게 진짜 자유라고 말씀하셨다.

그 말을 들으며 오래전 읽었던 이나모리 가즈오의 『왜 일하는가』라는 책이 떠올랐다. 그는 전장에 나서는 장수가 칼을 가는 태도로 일에 임해야 한다고 했다. 회장님 역시 그와 닮아 있었다. 자유는 놀고 쉴 때 오는 게 아니라, 내가 원하는 일을 선택해 몰입할 때 오는 것임을 다시금 깨달았다.

물론 나도 퇴사를 꿈꾸던 사람이었다. 하지만 퇴사만을 바라보며 대충 시간을 때우고 싶지는 않았다. 은행에서 보내는 매일이 내 인생의 시간이고, 유한한 자원이기 때문이다. 그래서 나는 맡은 자리에서 의미를 찾으려 했다. 가계대출을 실행해주며 신혼부부가 커피 한 잔을 전해주고, 카드 문제를 해결해주었을 때 고객이 눈물로 감사 인사를 건네던 순간들은 내게 단순한 '업무'가 아니었다. 누군가의 삶을 지켜주는 일이었고, 그래서 뿌듯했다.

특히 잊지 못하는 기억이 있다. 아버지 집을 담보로 사업을 하던 아들이 대출을 못 갚아 경매 절차가 진행되던 상황에서 일흔이 넘은 아버지가 은행에 찾아와 "제 이름으로 다시 대출할 수 없겠습니까? 이 나이에 집에서 쫓겨나야 합니다"라며 울먹이던 장면이다. 원칙대로라면 이미 불가능한 일이었지만, 팀장님과 상의 끝에 아버지를 새로운 차주로 세워 경매를 취하시켜 드릴 수 있었다. 경매를 피한 뒤 고개 숙여 감사 인사를 전하시던 그분의 눈빛은 아직도 선명하다. 그때 알았다. 내가 하는 일은 돈을 빌려주는 것이기도 하지만, 누군가의 삶을 붙잡아주는 일이기도 하다는 것을…….

시간이 흐르고 회장님의 자금 이전 건은 여러 절차 끝에 마무리되었다. 과정이 지연되자 회장님은 심기가 불편한 내색을 하시기도 했다. 당연했다. 워낙 규모가 큰 거래였기에 타행으로 쉽게 옮길 수 있는 입장이셨다. 500억 원이 한순간에 이탈할 수 있다는 압박 속에서 나는 매일 큰 바위를 짊어진 듯 불안했다.

결국 지점장님과 함께 회장님을 찾아가 직접 대화를 나눴다. 나는 전날 밤 어떤 결과가 나오든 회장님의 마음이 평온하시길 간절히 시각화했다. 다행히 회장님은 은행을 바꿀 생각은 없다고 하셨고 "이 팀장이 중간에서 얼마나 힘들었을지 안다"며 웃으셨다. "착해 빠져갖고······"라는 농담 섞인 말에 순간 울컥했다. 두세 번밖에 뵙지 못했는데도 내 진심이 전해진 게 아닐까 싶었다.

그 일을 통해 나는 "진심은 반드시 통한다"는 것을 알았다. 그리고 『데미안』의 한 구절이 떠올랐다.

"남을 구하는 것이 결국 나를 구하는 길이다."

내 욕심과 안위를 떠나 회장님의 어깨가 조금이라도 가벼워지길 바랐던 마음이 결국 나를 구했다고 생각한다.

# 감사는 현실을 바꾸는 힘이다

$

나는 2022년부터 자기계발 영상에 깊이 빠져들었다. 그중에서도 켈리 최 회장님의 유튜브 영상을 매일 들었고, '100일 동기부여 필사 챌린지'에 참여하기로 마음먹었다. 끌어당김의 법칙과 감사의 힘을 굳이 의심하지 않고, 그냥 믿고 실천해보기로 했다. 매일 아침 동기부여 영상을 보며 명언을 따라 적어 내려가는 것이 내 인생 첫 챌린지였고, 동시에 100일 동안 끈기 있게 해낸 첫 성취였다. 짧지만 강렬한 영상 속에서 세계적인 연사들은 자신들의 성공 방법과 마인드, 철학을 전했고, 그 뒤에 따라 쓸 명언들이 등장했다. 그중에서도 오프라 윈프리의 한 대학 졸업 축사는 내 인생을 바꾼 영상이 되었다. 이 책에 QR코드를 실은 이유도 독자들이 꼭 한 번 보기를 바라는 마음에서다.

'범사에 감사하라.'

감사에 대한 말은 자주 들어왔지만, 그저 긍정적으로 살기 위한 하나의 마음가짐 정도로 여겼다. 그런데 성공한 많은 인물들이, 그리고 수많은 자기계발 서적이 마지막에 꼭 강조하는 것이 '감사'였다. 처음에는 이해가 되지 않았다. '왜 꼭 마지막에 감사 이야기를 할까? 또 감사야?' 의심스러운 마음이 앞섰다. 오프라 윈프리 역시 연설에서 감사 일기를 강력히 강조했다.

"Be grateful. Keep a grateful journal. Every night, list five things that happened this day and days to come that you are grateful for(매일 밤, 오늘 있었던 일과 앞으로 감사할 다섯 가지를 적으세요)."

"Create the highest, grandest vision possible for your life. Because you become what you believe(여러분 인생에서 가능한 가장 높고 위대한 비전을 만드세요. 왜냐하면 자신이 믿는 대로 되기 때문입니다)."

나는 이 영상을 수십 번 돌려 보았다. 그리고 감사는 단순한 태도가 아니라 삶을 바꾸는 강력한 에너지라는 것을 깨달았다. 영상 속 메시지들은 결국 '내 힘을 넘어서는 더 큰 힘과 연결될 때 엄청난 결과를 얻을 수 있다'는 이야기였다. 오프라 윈프리는 끌어당김의 법칙을 지지하면서도 종교적 교리에 매이지 않고, 개인적인 영적 경험과 내면의 깨달음을 더 중시했다. 나 역시 자기계발을 실천하며 경험한 일들이 단순한 우연이나 기적이 아니라는 확신을 가지게 되었다. 마치 마술 지팡이를 쥔 것처럼 내가 생각하고 감사한 대로 현실이 이루어졌다.

사람은 모두 진동하는 존재이고, 그 진동 속에서 비슷한 파동을 가진 사람과 상황을 끌어당긴다고 믿는다. 그래서 나는 끌어당김의 법칙을 더 깊이 이해하고 싶어 관련된 책과 인물들을 찾아 읽고 연구했다. 과학으로 아직 완전히 설명하지 못한 현상이 많다. 그렇다고 해서 '증명되지 않았으니 틀렸다'고 단정하는 건 인간의 오만일지 모른다. 양자역학의 이중 슬릿 실험처럼 결과는 드러났지만 원리를 다 밝히지 못한 것들이 있듯 끌어당김의 법칙도 언젠가 과학으로 설명될 수 있으리라 믿는다.

나는 오프라 윈프리의 말처럼 감사 일기를 쓰기 시작했다. 처음엔 단순했다. 하루에 감사한 일 세 가지, 그리고 앞으로 감사하게 될 일 한두 가지를 쓰는 게 전부였다. 그런데 신기하게도, 내가 '먼저 감사'한 일들이 하나씩 현실로 나타났다. 미래 감사일기라고도 표현한다.

과장 승진에 감사합니다.
PB 예비전문요원 합격에 감사합니다.
○○○ 아파트 낙찰에 감사합니다.
임차인과의 재협상이 원만함에 감사합니다.
다가구 주택 명도가 순조로움에 감사합니다.

이렇게 미래의 일조차 이미 이루어진 것처럼 적으며 감사했고, 결국 대부분 이루어졌다. 밥 프록터의 『부의 확신』에도 이런 구절이 나온다.

"이미 꿈을 이룬 사람처럼 말하고 행동하라. 결과로부터 생각하라. 목표를 언급한 순간, 이미 도달했다고 여겨라."

나는 그 말대로 행동했다. 단순히 종이에 적는 게 아니라, 성취한 듯한 감정을 생생히 느끼며 감사 일기를 썼다. 그렇게 글을 써 내려가며 문제를 풀어나갔고, 목표를 성취했다. 그러다 보니 새로운 목표를 세울 때조차 설레는 마음으로 적게 되었다. 머리로만 떠올린 목표가 아니라 가슴이 뛰는 목표였다.

처음 습관을 만드는 건 어렵다. 하지만 감사 일기는 시작하기에 가장 좋은 습관이다. 지금 감사한 것 두 가지, 그리고 앞으로 이루고 싶은 것 한 가지 정도만 적어도 충분하다. 매일 반복하다 보면 감사할 거리는 점점 늘어나고, 동일한 내용을 다시 적어도 괜찮다. 직접 손으로 쓰는 과정에서 뇌에 깊이 새겨지고, 하루를 긍정적인 에너지로 시작할 수 있다.

나는 독자들이 내 책에서 단 한 가지만 기억해야 한다면, 그것이 '감사 일기'이길 바란다. 독서 모임에서도 나는 '감사 요정'으로 불린다. 누군가 목표를 말하면 나는 늘 "이미 이루어졌음에 감사합니다"라고 채팅창에 적는다. 그러면 상대도 용기와 힘을 얻는다고 한다.

내가 10대 시절 잠깐 쓰다 만 일기를 30대 후반에 다시 시작했을 때, 손글씨로 쓰는 힘을 다시 느꼈다. 타자보다 훨씬 강력했고, 쓰는 날과 쓰지 않은 날의 하루는 확연히 달랐다. 아침에 감사 일기를 쓰면 하루가 훨씬 가볍고 단단하게 시작된다.

내가 책을 쓰는 이유도 여기에 있다. 시각화, 감사, 독서…… 그중에서도 가장 쉽고 강력한 방법이 '감사 일기'이기 때문이다. 처음엔 사소해 보일 수 있지만 꾸준히 하다 보면 삶 전체를 바꾸는 힘이 된다. 작은 습관 하나가 당신의 미래를 다시 쓰게 될 것이다.

지금 책을 덮고 한번 써보자.

# 감사 일기 쓰기

① 지금 떠오르는 감사한 일 세 가지를 적는다.

② 미래에 일어났으면 하는 일 세 가지를 이미 이루어졌다고 생생하게 느끼며 작성해보자.

**내 인생 영상,
오프라 윈프리
대학교 축사**

# 미래를 현실로 끌어오는 방법

$

회사에 다니면서 마음이 평온했던 적은 거의 없었던 것 같다. 모든 직장인이 그렇겠지만, 특히 은행 생활은 결코 녹록지 않다. 빠른 업무 처리, 영업 실적, 고객 응대, 정확성과 친절함까지…… 하루도 긴장의 끈을 놓을 수 없었다. 나는 원래 덜렁대는 성격이라 더 예민하게 일에 임해야 했고, 결국 가장 힘든 건 일이 아니라 사람이라는 것도 몸소 알게 되었다. 다행히 은행은 2년마다 순환근무가 있어서 나와 맞지 않는 사람과는 언젠가 헤어질 수 있었지만, 육아휴직과 복직을 반복하며 한 지점에 오래 머물지 않았던 나는 어느 순간부터 일부러 동료들과 깊은 관계를 만들려 하지 않았다. "직장은 직장이고, 나는 나"라는 선을 긋고 지낸 것이다.

물론 처음부터 그랬던 건 아니다. 고객에게 치이고, 동료나 상사에게서 상처를 받을 때마다 나도 모르게 보호막을 두르게 되었고, 어느 순간 가면을 쓰고 일한다는 생각이 들기도 했다. 그러다 보니 '진짜 내 모습이 뭘까?' 혼란스러울 때도 있었다. 대학 시절까지만 해도 나는 사람을 좋아하고 동아리 활동도 열심히 즐기던 전형적인 외향형(E)이었다. 그런데 지금은 주변으로부터 "차분하다"는 말을 자주 듣는다. 차분한 남편의 성향에 영향을 받은 것도 있지만, 은행에서는 방방 뛰면 실수를 하기 때문에 침착함이 몸에 밴 것 같다. 10년 넘게 한 직장에 있다 보니 성격도, 취향도 직장 문화에 물들 수밖에 없었던 것이다. 그때는 일하는 데 바빠 나를 잃어간다는 걸 몰랐다.

그 안에서도 나만의 길을 찾고 싶었다. 가계대출 업무는 익숙했지만 더 이상 배울 게 없다는 생각이 들었고, 은행이 육성하는 세 가지 전문 분야(여신, 외환, PB(Private Banking)) 중에서 내 마음을 가장 강하게 끌어당긴 건 PB였다. VIP 고객을 전담해 자산관리 서비스를 제공하는, 말 그대로 '개인 금융의 꽃'이라 불리는 분야였다. 언젠가 PB팀장님들을 보며 나도 저 자리에 서고 싶다는 꿈을 품었고, 마침내 도전할 기회가 찾아왔다. 하지만 지원 의사를 밝혔을 때 팀장님은 고개를 저으셨다.

"보은아, PB 하지 마. 회사에서 밀어주는 분야도 아니야. 타이틀만 얻고 싶어서 그러는 거 아냐? 실속 없어. 차라리 여신을 해."

나는 단순히 멋져 보이는 타이틀을 원한 게 아니었다. 내 관심과 강점을 살릴 수 있는 분야에서 성장하고 싶었고, 좋아하는 일로 인정받고 싶었다. 그 마음은 단순한 허영이 아니라 진짜 성장 욕구였고, 내 선택에 책임을 지고 싶은 의지였다.

"그래도 저는 PB를 꼭 하고 싶습니다, 팀장님."

아마도 그 도전은 은행 생활을 후회 없이 마치기 위한 마지막 선택이었을지 모른다. PB가 잘 맞는다면 퇴사라는 결정을 늦출 수도 있지 않을까 하는 마지막 몸부림이었다. 얼마 후 PB 예비 전문역 면접 날, 심장이 터질 듯 뛰었다. 오랜만의 면접이라 새 옷까지 장만해 진지하게 임했다. 면접관이 물었다.

"왜 PB를 하고 싶습니까?"

나는 솔직히 답했다.

"저는 가계대출을 오래 담당하면서 3040세대의 내 집 마련을 함께했습니다. PB 분야에서 새롭게 공부하며 젊은 세대의 내 집 마련과 재테크를 돕고 싶습니다."

사실 은행 VIP의 주 연령층은 50대 이상이었기에 면접관들이 듣고 싶었던 답변은 아니었을 것이다. 그러나 나는 내 소신을 말했다. 다행히 그 진심이 통했는지 결국 합격했다.

PB를 준비할 때도 나는 간절한 마음으로 감사 일기를 썼다.

"PB 예비전문역 합격과 연수 기회를 주서서 감사합니다."

감사 일기는 내 작은 루틴이었고, 동시에 현실이 되는 주문이었다. 그다음 목표는 승진이었다. PB팀장으로 일하려면 반드시 넘어야 할 벽이었다. 그래서 나는 스스로 페르소나를 만들었다. 회사가 원하는 인재는 어떤 모습일까? 존경하던 선배들을 떠올리며 단정하고 신뢰감 있는 태도를 내 몸에 익혔다. 유니폼 대신 세미 정장을 입으며 자세가 달라졌고, 고객 앞에서는 언제나 책임자의 마음으로 임했다. 결국 복직 후 10개월 만에 책임자로 승진했고, PB 예비전문역 타이틀까지 얻게 되었다.

하지만 승진 후 상사로부터 "벽을 친다"는 말을 자주 들었다. '나는 외향적이고 사람을 좋아하는데 왜 그렇게 보일까?' 곰곰이 생각해보니 내가 벤치마킹했던 선배들의 모습이 다가가기 힘든 스타일이었고, 나도 모르게 그걸 따라 하고 있었던 것이다. 그 사실을 깨닫고 나니 답답함이 몰려왔다. 그즈음, 책 집필 계약까지 하게 되면서 고민이 더 깊어졌다. 맞지 않는 상사 밑에서 글을 쓸 수 있는 여유를 낼 수 있을까, 계속 버틸 수 있을까 싶던 어느 날, 내가 쓴 감사 일기가 떠올랐다.

"나는 PB 예비전문요원 시험에 합격하고, 삼청동 금융연수원에 연수를 다녀올 수 있음에 감사합니다."

당시 내 경력으로는 연수 선발이 쉽지 않았지만, 나는 끌어당김의 법칙을 믿고 매일 시각화했다. 출근길 차 안에서도 스스로에게 말했다.

"나는 삼청동 금융연수원에서 공부하고 있다. 감사합니다."

너무 간절한 마음에 어느 날은 혼자 차 안에서 박수까지 치며 외쳤다. 누가 보면 나를 이상한 사람으로 생각했을 테지만 내게 감사는 그만큼 간절한 힘이었다. 그리고 기적처럼 내 이름이 연수자 명단에 적혀 있었다. 합격 발표 날, 후배가 달려와 "팀장님, 연수 가시네요!"라고 말했을 때, 나는 믿기지 않았다. 그러나 그것은 현실이었다.

이 경험으로 "끌어당김은 단순한 상상이 아니라, 행동 위에서만 현실이 된다"는 것을 확신하게 되었다. 나는 그 목표를 위해 매일 노력했고, 준비했고, 실력을 쌓았기에 합격 후의 감정을 진짜처럼 느낄 수 있었다. 노력 없는 상상은 공허하다. 하지만 행동이 더해진 시각화는 현실을 끌어오는 힘이 된다.

목표를 성하고, 감사 일기를 쓰고, 이루어진 후의 감성을 생생하게 느끼며, 매일 작은 행동을 반복했다. 그 과정에서 나 자신을 믿게 되었고, 믿음은 다시 더 큰 행동을 이끌었다. 이 단순한 반복이 내 삶을 바꿔주었다. 나는 은행 생활 속에서 감사 일기의 기적을 보았고 지금도 여전히 믿는다. 삶은 결국 나에게 더 좋은 것을 주려 한다는 것을 말이다.

감사는 단순한 습관이 아니라, 미래를 현실로 끌어오는 가장 강력한 힘이다.

목표 정하기 → 상상하며 이루어졌을 때의 감정 느끼기(시각화) → 매일 목표를 위한 작은 행동 세 가지 적기 → 행동 실천하기

행동이 많아질수록 자신감이 커지고, 이루어졌다는 감정을 더 생생하게 느끼게 됨 (선순환)

은행은 반기별로 그룹 내 약 열 개 지점이 묶여 경영평가 경쟁을 한다. 상위 세 지점은 웃을 수 있지만, 하위 세 지점은 급여와 평가에서 불이익을 받는다. 지점의 성패를 좌우하는 주요 지표 가운데 자산관리 항목은 언제나 PB팀장의 몫이었다. 의무감과 부담이 동시에 몰려왔고, 성과를 내려면 하루하루를 전쟁 같이 보내야만 했다. 자산관리 실적 중에서도 개인 예금은 비교적 괜찮았지만, 기업 예금에서는 부진을 면치 못했다. 지점장과 기업팀의 눈치를 보며 마음이 무거워질 때마다 나는 감사 일기의 힘을 빌렸다. 출근 전날 밤, 일기장에 이렇게 썼다.

"기업자산 200% 달성! 감사합니다."

다음 날 또 한 번 기적 같은 일이 일어났다. VIP실에 남성 5명이 우르르 들어왔다. 평소 조용하고 프라이빗한 공간에 여러 명이 동시에 오는 경우는 드물었다. 그들은 종친회 대표들이었다.

"30억 원 정도 예금하려고 하는데, 금리를 잘 좀 부탁드립니다."

순간 숨이 멎는 듯했지만, 곧 정신을 차리고 본부와의 금리 협상에 들어갔다. 최선을 다해 최대 금리를 제시했고, 고객들은 만족하며 그대로 계약을 진행했다. 그렇게 나는 30억 원의 예금을 유치했다.

겉으로 보면 단순히 굴러온 기회처럼 보일지 모르지만, 그것은 전날 밤 감사 일기 속에서 이미 끌어온 성과였다. 매일의 감사와 시각화, 그리고 작은 행동이 결국 나를 그 자리에 데려온 것이다. 그 경험은 내 확신을 더욱 단단하게 만들었다.

성공은 결코 우연이 아니다. 행운처럼 보이는 순간조차도, 사실은 감사와 준비, 그리고 꾸준한 행동이 끌어온 필연이다. 성공은 행운이 아니라, 감사와 행동이 만들어낸 필연이다. 목표를 향해 매일 한 설음씩 나아가다 보면 결국 원하는 미래는 현실이 되어 나타나게 된다.

# 실행력의 비밀, 독서에서 찾다

$

나는 귀가 얇고 남의 말을 잘 믿는 편이다. 어릴 적부터 친구들은 늘 내게 이렇게 말하곤 했다.

"너는 사회에 나가면 사기당하기 딱 좋겠다."

순진한 건지, 단순한 건지, 다른 사람의 말에 쉽게 마음이 움직였다. 하지만 신기하게도 아직까지 사기를 당한 적은 없다. 오히려 그 성향 덕분에 새로운 생각과 배움을 빠르게 받아들일 수 있었다. 귀가 얇다는 게 나에겐 단점이 아니라, 삶을 바꾸는 장점이 된 것이다.

자기계발을 해야겠다고 결심했을 때, 내가 가장 먼저 한 것도 바로 책을 읽는 일이었다. 성공한 사람들의 이야기나 자기계발서를 펼치면 빠짐없이 강조하는 것이 있었는데, 바로 독서였다. 나는 그걸 단순한 권유로 듣지 않았다. 성공한 사람들이 공통적으로 말한다면, 그건 법칙이자 원리일 것이라고 믿었고, 곧바로 실행했다.

처음 시작한 건 작은 도전이었다. '66일 동안 반복하면 습관이 된다'는 뇌과학 연구를 믿고, 100일 챌린지를 택했다. 아침마다 동기부여 영상을 보고 마지막 문장을 다섯 번씩 필사하는 '모닝콜 필사'를 했다. 다이어리 한 권이 가득 차고 100일이 채워졌을 때, 나는 놀라움과 성취감에 가슴이 벅찼다. 늘 작심삼일이던 내가 해냈다는 사실 자체가 기적 같았다.

그다음은 독서 챌린지에 도전했다. 매일 책을 읽는 게 가능할까 싶었지만, 처음부터 욕심내지 않았다. 단 두 쪽만 읽자고 정했다. 그런데 두 쪽만 읽으려다 어느새 더 읽는 날이 많았다. 피곤한 날엔 정말 두 쪽만 읽고 책을 덮기도 했지만, 중요한 건 '양'이 아니라 '매일'이었다. 퇴근 후에는 아이들을 챙겨야 했기에 아침 시간을 활용했다. 눈을 뜨면 명상을 하고, 책을 읽고, 감사 일기를 쓰는 게 나만의 루틴이 되었다. 어느새 2년 가까이 하루도 빼놓지 않고 책을 읽는 사람이 되어 있었고, 다산 정약용 선생의 "하루라도 책을 읽지 않으면 입안에 가시가 돋는다"는 말이 이제는 어렴풋이 이해되었다.

독서는 단순한 습관을 넘어 내 투자에도 결정적인 영향을 미쳤다. 첫 갭투자를 결심했을 때는 『부동산 인문학』이라는 책이 계기가 되었다. 경매를 시작하며 '몸테크'를 해본 것도, 한 투자자의 책에서 본 방법을 따라 한 덕분이었다. 자가를 전세로 주고 월세로 이사 가는 실천이 내 첫 발판이 되었고, 첫 아파트 경매 낙찰 역시 책에서 배운 낙찰가 산정 방식을 그대로 적용했기에 단 두 번 만에 성공할 수 있었다.

책은 읽는 것으로 끝내면 안 된다. 나는 밑줄을 긋고, 귀퉁이를 접고, 좋은 책은 두세 번씩 다시 읽으며 독서 노트를 만든다. 무엇보다 중요한 건 즉시 실천하는 것이다. 책 속의 한 줄이 내 삶 속에서 한 걸음이 될 때, 그 인사이트는 내 것이 된다. 작은 문장을 하나라도 따라 해보면 다음 실천이 훨씬 쉬워진다. 책 한 권을 끝까지 읽는 것보다 더 중요한 건 읽은 후 '행동'으로 연결하는 것이다.

독서를 내 것으로 만드는 방법은 다양하다. 색깔별 간지를 붙여 중요도를 표시하거나 인생책이라 여겨지는 책은 나만의 언어로 요약하는 것도 좋다. 때로는 마음에 남는 문장을 필사만 해도 충분하다. 작가에게 직접 메일을 보내본 적도 있는데, 답장이 오든 오지 않든 그 시도 자체가 책을 더 오래 기억하게 했다. 운이 좋아서 작가를 직접 만나 교류할 기회가 생길 때면 책에서는 전해지지 않는 '작가의 에너지'를 느낄 수 있어서 좋다.

나에게 독서는 성장의 비타민이다. 책은 수많은 사람의 삶을 보여주었고, 부와 성공의 길을 알려주었으며, 무기력과 불안 속에서 다시 일어설 힘을 준다. 세상이 원망스럽고 마음이 지쳐갈 때, 책은 늘 나를 구했다. 답답한 마음으로 서점에 들어가면 꼭 내 손을 들어주는 책이 기다리고 있었다. 그러니 책을 읽는 것만으로 끝내지 말자. 책의 내용을 삶 속에서 실천할 때 비로소 진짜 내 것이 된다.

# 진짜 성공의 법칙을 찾아서

$

끌어당김의 법칙에 한창 깊이 빠져 있을 때, 문득 이런 의문이 들었다.

"이 법칙은 대체 어디서 시작된 걸까? 내가 읽는 이 자기계발서를 쓴 사람은 누구의 영향을 받은 걸까?"

곰곰이 돌아보니 내가 이 법칙과 '감사의 힘'을 믿게 된 건 단한 사람, 단한 권의 책 때문은 아니었다. 먼저 성공한 사람들이 공통적으로 믿고 실천한다는 사실이 나를 움직였다. 그들이 거짓말을 할 이유가 없다는 단순한 확신, 그것이 내가 이 길을 믿기로 한 출발점이었다.

『레버리지』의 롭 무어, 오프라 윈프리, 짐 캐리, 밥 프록터, 라

이언 시크레스트, 그리고『시크릿』에 등장하는 인물들, 한국에
서는 고명환 작가, 김성희 대표, 하와이 대저택 같은 사례들이
있다. 나는 100권이 넘는 자기계발서를 읽으며 점점 더 확신했
다. 비록 '끌어당김의 법칙'이라는 표현을 쓰지 않았어도 결국
그들이 전하는 메시지는 한 가지라는 것을 말이다.

"사람은 생각하는 대로 된다."

많은 사람들이 자기계발서를 두고 "다 똑같은 소리만 반복한
다"고 말한다. 하지만 나는 오히려 이렇게 생각했다.

"왜 똑같은 말이 반복될까? 그것이 진리이기 때문이다. 다만,
대부분의 사람이 책에 쓰인 것의 10%도 실천하지 않는다."

그 순간부터 나는 이 원리를 거꾸로 추적하기 시작했다. 현대
의 자기계발서에서 출발해 더 오래된 고전으로 거슬러 올라가
며 '원조'를 찾아 나선 것이다.

**끌어당김 법칙의 뿌리를 닦은 선구자들**

제임스 앨런(James Allen, 1864~1912)
『As a Man Thinketh』(1903)
"인간은 말 그대로 그가 생각하는 바이며, 그의 성격은 그의 모든 생각의 총합이다."
→ "생각은 씨앗과 같다." 사고가 운명을 결정한다는 사상.

**월리스 워틀스(Wallace D. Wattles, 1860~1911)**

『The Science of Getting Rich』(1910)

"생각으로 원하는 것을 끌어오고, 행동으로 그것을 받는다."

→ 창조적 상상으로 현실을 만든다고 주장, 『시크릿』 저자 론다 번이 영향을 받은 책.

---

**나폴레온 힐(Napoleon Hill, 1883~1970)**

『Think and Grow Rich』(1937)

"마음이 상상하고 믿을 수 있다면, 그것은 이루어진다."

→ 명확한 목표와 믿음이 부를 끌어온다고 강조.

---

**얼 나이팅게일(Earl Nightingale, 1921~1989)**

『The Strangest Secret』(1956)

당신은 당신이 생각하는 그것이 된다.

→ "사람은 생각하는 대로 된다"는 메시지를 대중에게 널리 퍼뜨린 장본인.

---

**조셉 머피(Joseph Murphy, 1898~1981)**

『The Power of Your Subconscious Mind』(1963)

"당신은 반복해서 생각하는 그 모습으로 성장한다."

→ 잠재의식의 힘을 활용하면 현실을 바꿀 수 있다고 설명.

---

**밥 프록터(Bob Proctor, 1934~2022)**

『You Were Born Rich』(1984)

"생각은 현실이 된다. 마음속에서 볼 수 있다면, 손에 쥘 수 있다."

→ 『시크릿』을 통해 전 세계에 끌어당김과 진동의 법칙을 전한 인물.

특히 조셉 머피의 『잠재의식의 힘』은 나에게 특별했다. 뒤쪽에 '기도문' 같은 확언문을 나는 부동산 투자 이후 매일 잠들기전 읊었고, 기적처럼 원하는 매도가에 집이 팔렸다. 그 이후 힘든 순간마다 나는 지금도 이 책을 펼쳐 확언문을 읽는다.

나는 이들의 책을 읽으며 깨달았다. 누군가는 그것을 '근원 물질'이라 불렀고, 누군가는 '잠재의식', 또 다른 이는 '창조적 상상'이라 말했다. 표현은 달라도 결국 모두 같은 이야기를 하고 있었다. 현대에 와서는 론다 번의 『시크릿』, 그렉 브레이든의 『디바인 매트릭스』, 바딤 젤란드의 『리얼리티 트랜서핑』, 조성희 대표의 『더 플러스』, 하와이 대저택의 『더 마인드』까지……수많은 책들이 같은 메시지를 던진다.

"너 그런 거 믿어? 유사 과학 아니야?"라며 비웃을 사람들도 있었다. 그래서 한동안은 독서모임이나 친한 지인들에게만 조심스레 내 생각을 나눴다. 하지만 지금은 굳게 믿는다. 내가 퇴사의 용기를 낼 수 있었던 이유는 단순히 월세가 생겨서가 아니라 인생을 움직이는 '성공 법칙'을 깨달았기 때문이라는 것을 말이다. 그 법칙이 나를 제로베이스로 내려놓고, 새로운 도전을 할 수 있게 만든 진짜 원동력이었다.

만약 이 책을 통해 단 한 사람이라도 감사 일기를 쓰고, 말의 힘을 믿고 확언하며, 시각화를 실천한다면 그 사람의 인생은 반드시 달라질 것이다. 평범하지만 성실히 걸어온 내 삶의 기록이 누군가에게 작은 희망이 되기를 바란다.

　나는 자신한다. 아무 흔적도 남기지 않은 이가 하는 말과, 땀과 눈물로 자신을 증명한 이가 하는 말은 결코 같지 않다는 것을.

# 실행하는 모방, 그게 진짜 창조다

$

나는 부동산 투자를 하면서 새로운 무기를 얻었다. 그것은 바로 '복사+실행력'이다. 얼핏 그냥 실행력과 비슷해 보이지만, 내가 말하는 방식은 조금 다르다. 좋은 투자 사례가 있으면 핵심을 캐치해 나만의 방식으로 응용했고, 책에서 얻은 인사이트도 마음에 와닿으면 바로 행동으로 옮겼다. 쉽게 말하면 나는 '따라쟁이'였다.

창의적인 무언가를 새롭게 만들어내는 것보다 이미 검증된 방법을 내 삶에 맞게 적용하는 게 훨씬 편했고 또 잘할 수 있었다. 어쩌면 주입식 교육을 받으며 자란 세대라서인지도 모른다. 그러나 그 덕분에 나는 '복사하고 실행하는 힘'에 능숙했다.

책 『일류의 조건』에서도 '훔치는 힘'을 강조한다.

"표면적인 퍼포먼스를 흉내 내기에만 급급한 것은 모방에 불과할 뿐, 기술을 훔쳐 자기 것으로 만들었다고 할 수 없다. 기술을 훔쳐내는 힘의 근본은 암묵적으로 이루어지는 작용을 인지하여 자기 밖으로 드러내는 것이다. 그리고 밖으로 드러난 생각이나 의식을 다시 한번 자기 몸에 체화시킴으로써 완전히 자기 것이 된다."

이 구절을 읽으며 고개가 끄덕여졌다. 단순히 흉내 내는 것이 아니라, 경험을 내 몸에 새겨 자기 것으로 만들어야만 진짜 내 힘이 된다. 나 역시 책 속의 인사이트, 투자 현장에서 만난 동료들의 경험을 체화해왔다. 그들의 성공 포인트를 흡수하고, 나의 지식과 상황에 맞게 재구성한 것, 그것이 내가 말하는 '복사력'이다. 물리적으로 똑같이 베끼는 건 불가능하다. 하지만 복사하고 실행하는 과정 덕분에 나는 하락장에서 부동산 투자를 했음에도 안정적인 성과를 낼 수 있었다. 20대에 투자를 시작했고, 10년 넘게 금융기관에서 일하며 시장의 흐름을 읽는 눈을 길렀다. 그 덕분에 하락장에서도 두려움보다 확신으로 투자할 수 있었다.

본격적인 투자를 시작할 무렵, 종잣돈이 필요했다. 그러던 중 한 책에서 어떤 투자자가 전세금을 빼 월세로 들어가고 그 차액으로 투자 자금을 마련했다는 이야기를 보았다. 순간, "아, 이거다!"하는 생각이 번개처럼 스쳤다. 나 역시 자가에 살고 있었기에 집을 전세 주고 같은 단지 내 월세로 이사하기로 결심했다. 다행히 남편도 동의했고, 아이들을 위해 같은 단지 내로 옮겨 생활을 이어갔다. 그렇게 만든 차액이 투자 자금이 되어 이후 상가·아파트·다가구 등 다양한 투자로 확장할 수 있었다.

사실 실행은 가장 어려운 부분이다. 우리는 수많은 아이디어를 떠올리고도 실행하지 못한 채 흘려보낸다. 나도 그랬다. 하지만 성공한 사람들은 달랐다. 그들은 아이디어를 흘려보내지 않고 반드시 메모하거나 당장 행동에 옮겼다. 터무니없어 보여도 일단 시작했다. 나도 그 방식을 믿었고 매일 조금씩 움직이면 그곳에서 새로운 문이 열린다.

회사 생활을 정리한 뒤, 지인들이 내게 부동산 강의를 부탁하기 시작했다. 거창한 강의라기보다는 사례를 나누는 작은 세미나였지만, 나는 기꺼이 응했다. 그 모습을 인스타그램에 올리자 여러 커뮤니티에서 연락이 쏟아졌다.

"우리 모임에서 강의해주실 수 있나요?"

나는 누군가에게 도움이 되는 이야기를 전하는 걸 좋아했기에 또다시 도전에 응했다. 작은 재능기부가 강의라는 새로운 문을 열어준 것이다.

퇴사 결정은 오래 걸렸다. 월세 세팅 후에도 1년 가까이 고민했다. '내가 과연 뭘 할 수 있을까? 후회하지 않을까? 커리어를 버리기엔 너무 아깝지 않을까?' 두려움은 쉽게 사라지지 않았다. 하지만 책과 강연에서 만난 이들은 공통적으로 말했다.

"한쪽 문이 닫히면 반드시 다른 문이 열린다."

나는 은행이라는 문을 스스로 닫았다. 그리고 분명 새로운 문이 열릴 거라고 믿었다. 그 믿음은 곧 현실이 되었다. 사직서를 낸 지 얼마 되지 않아, 내가 속해 있던 부동산 커뮤니티에서 연락이 왔고 내 투자 사례를 공유해 달라며 유튜브 출연 제안이 들어왔다. 두려움도 있었지만, 열린 문은 내 발로 걸어나가야 한다고 생각했다. 실시간 방송에 출연했고, 놀랍게도 반응은 폭발적이었다. 꾸며낸 이야기가 아닌, 내 경험 그대로였기에 시청자들에게 더 진정성 있게 다가간 것 같았다. 그날 이후 나는 새로운 가능성을 보았다.

돌아보면 이 모든 출발점은 글쓰기와 감사, 그리고 실행이었다. 투자가 마무리될 때쯤 속해 있던 커뮤니티에 감사 글을 올렸던 작은 행동이 나를 눈에 띄게 했고, 그것이 방송 제안으로 이어졌다. 감사와 글, 실행이 없었다면 절대 열리지 않았을 문이었다.

이제 나는 온전한 프리랜서이자 사업가다. 나를 알리는 작업은 멈출 수 없고, 앞으로도 새로운 문을 열기 위해 계속 두드릴 것이다. 사직 후 가장 먼저 떠올린 건 SNS였지만, 문제는 내가 '컴맹'에 가까웠다는 점이다. 은행에서는 자체 전산 단말기를 주로 사용했기에 일반적인 문서 작업 정도만 할 뿐이었다. 그런 내가 인스타그램을 하겠다고 결심했으니, 그 자체만으로도 큰 도전이 아닐 수 없었다.

유튜브는 엄두가 나지 않아 인스타그램부터 시작했다. 좋아하는 책을 소재로 계정을 열었고, 캡컷 전자책을 구매해 편집을 독학했다. 30초 영상 하나를 기획하고 만드는 데 하루 8~9시간이 걸리기도 했고, 주 3회를 목표로 하다 밤을 새운 적도 있었다. 학생 시절에도 밤을 새운 적이 없었는데, 부동산 이후 다른 무언가에 이렇게 몰입한 건 처음이었다.

그러나 노력만큼 조회수는 좀처럼 오르지 않았다. 결국 방향을 틀었다. 좋아하는 책이 아니라, 내가 잘하는 '부동산'으로 주제를 바꿨다. 처음 아파트 소개 릴스는 7천 조회를 기록했고, 대출 관련 릴스는 100만 조회를 넘겼다. 내가 가장 잘 아는 분야였기에 자신 있게 설명할 수 있었고, 사람들에게 실질적인 도움이 되었던 것이다. 반응은 폭발적이었고 하루에 200~300명씩 팔로워가 늘어가더니, 불과 4개월 만에 팔로워 1만을 넘어 인플루언서가 되었다. 광고 제안과 협업 문의도 들어오기 시작했다. 믿기지 않았다. 인스타그램의 문을 두드렸을 뿐인데, 정말 새로운 세계가 열린 것이다.

지인들은 내 영상을 보고 "대행사에 맡겼어?"라고 묻곤 한다. 영상은 여전히 부족해 보일 때가 있지만 해보지 않은 사람의 눈에는 그것마저도 대단해 보인다고 한다. 누구나 처음은 어렵다. 특히 스스로 '나는 못할 거야'라고 단정지었던 일은 더 그렇다. 그런데 막상 부딪혀 보면, 생각보다 단순하고 또 익숙해진다.

처음엔 낯설지만, 꾸준히 하다 보면 어느 순간 나의 영역이 된다. 투자는 내게 익숙한 세계였다. 반면 SNS는 불과 몇 달 전까지만 해도 나와는 거리가 먼, '유명한 사람들만 하는 일'이라고 생각했는데 지금은 다르다. 조금씩 성장하고 있다는 게 느껴지고, 더 노력하면 1만이 아닌 10만 명에게도 내 이야기를 전할 수 있을 것 같다.

그래서 말하고 싶다.

나도 했다면, 여러분도 할 수 있다고.

결국 실행이 모든 걸 바꾼다. 머릿속으로만 그리던 일들이 손끝에서 현실이 되기 시작할 때, 그게 진짜 창조의 순간이다.

# 내 안의 비밀을 찾는 무기들

$

이 책을 집어 든 독자라면 '끌어당김', '감사', '확언', '시각화' 같은 단어를 이미 들어봤을 것이다. 왜 어떤 사람에게는 끌어당김이 또렷하게 작동하고, 어떤 사람에게는 희미하게만 스쳐 지나갈까. 내가 내린 결론은 단순하다. 간절함과 실행, 이 두 가지로 인해 차이가 생기는 것이다.

스무 살 무렵 『시크릿』을 처음 읽고 끌어당김을 시도했다. 원하는 회사에 꼭 들어가고 싶었지만 결과는 1차 면접 탈락. 그때는 '역시 책은 책일 뿐이야. 나와는 맞지 않네' 하고 쉽게 포기했다.

그런데 서른 후반, 다시 책을 펼치게 되었다. 그 사이 내 삶에는 두 개의 커다란 간절함이 생겼다. 무너진 친정의 살림을 일으키고 싶다는 마음, 그리고 나답게 살고 싶다는 의지. 그 간절함이 나를 다시 '끌어당김'의 세계로 이끌었다.

나는 의심보다 모방을 선택하자고 결심했다. 성공한 사람들이 반복해서 말하는 것—끌어당김, 시각화, 에너지, 파동, 감사, 확언—그게 허공의 말일 리 없다고 생각했다. 자서전마다 등장하는 공통의 원리라면, 그들에게는 분명 '작동하는 법칙'이 있을 터였다. 그래서 나는 단순히 믿기로 했다. 믿음을 행동으로 옮기기 위해 '형태'를 만들고 시각화, 감사일기, 목표 쓰기, 확언을 꾸준히 실천했다.

끌어당김의 핵심은 감정을 '느끼는 것'이다. 그리고 그 감정을 진짜로 느끼려면, 그것이 정말 내가 원하는 것이어야 한다. 목표를 향한 간절함이 없다면, 그 감정은 만들어지지 않는다. 마치 피아노를 한 번도 쳐본 적 없는 사람이 "나는 피아니스트가 될 거야"라고 외친다고 해서 마음이 설레지 않는 것처럼 말이다.

결국 중요한 건 자신을 설득하는 과정이다. 이루어졌을 때의 감정을 생생하게 느끼고, 최종 목표를 향해 구체적인 계획과 행동을 쌓아갈 때, 마음은 점점 확신으로 변한다. 그 믿음이 현실을 끌어온다.

편안한 노후는커녕 여전히 일하시는 부모님의 삶이 늘 내 마음을 무겁게 했다. 그 무게가 나를 움직였고, 그 간절함이 나를 믿게 만들었고, 그래서 매일의 행동으로 이어졌다.

여기서는 내가 실제로 사용해온 방법들을 그대로 공개하려 한다. 멋진 말보다 구체적인 문장, 원론보다 실천적인 방법들이 다. 당신에게도 간절함이 있다면 이제 남은 건 단 하나, 실행뿐 이다.


## 상상하기(시각화)

사람들이 가장 어려워하는 게 바로 시각화, 상상하기다. 심상화, 시각화, 명상 등 다양한 표현이 있지만 '상상하기'로 표현한 건 좀 더 쉽게 받아들였으면 하는 마음에서다.

우리 모두는 매일 새롭게 상상한다. 어제 한 생각과 상상을 다시 하기도 하고, 새로운 영감을 얻어 상상하기도 한다. 우리가 원하는 이미지를 찾아 상상해보고, 그 이미지가 이루어진다면 어떤 기분일지 느껴보는 것이다. 상세하게 상상할수록 감정이 더 선명해지고, 그 감정이 현실에서 목표를 향한 행동으로 이어 진다. 평소 우리가 하고 있는 행동에서 감정까지 느낀다면 그것 이 끌어당김의 시각화인 것이고, 내가 여태껏 통했던 방법이다.

문제는 많은 사람들이 자신이 진짜로 원하는 게 무엇인지 모 른다는 사실이다. 나 역시 처음엔 그랬다. 내가 원했다고 생각하고 끌어당겼던 것이 진정 내가 원했던 게 아닌 경우도 있었다. 끌어당김은 마음 깊은 곳의 욕구를 향해야 한다. 한 번도 나와 대화하지 않은 채 목표를 선택하면, 이루고 나서도 공허하다. 내가 끌어당긴 꿈이 진정한 목표가 아니었음을 느끼게 된다.

링컨은 말했다.

"나무를 베는 데 6시간이 주어지면, 처음 4시간은 도끼를 가는 데 쓰겠다."

중요한 일을 할 때, 실제로 일하는 시간보다 준비하는 시간이 더 중요할 수 있음을 비유하는 말이다. 나는 어떤 선택에 있어 스스로 충분히 묻고, 기다렸다가 진짜 원한다는 확신이 서면 그때 깊이 있게 파고들고, 의미 있는 성과를 만들고자 노력했다. 회사 생활, 투자, SNS 등 새로운 커뮤니티 또는 집단에서 대부분 결과를 만들어냈다.

처음 한 번이 어렵다. 원하는 목표를 한 번이라도 이뤄내면 다른 영역에서도 성과를 내는 사람들이 많다. 일을 성공시키는 것에 대한 관성이 생긴 것과도 같다. 예전에는 돈 되는 거라면 가리지 않고 공부하고 투자했다. 그러나 지금은 '보은아, 네가 정말 원하는 일이니?', '더 중요한 가치와 충돌하지는 않니?' 등 내게 더 많이 묻고, 정말 원하고 가치있는 일인지 생각하는 시간을 가진다.

자신을 사랑하고, 내면의 목소리에 귀 기울이며, 나만의 북극

성을 찾자. 그리고 상상과 실행이라는 두 날개로 자신만의 세계
를 창조하자.

상상하라. 그리고 행동하라. 그것이 현실을 바꾸는 가장 강력
한 힘이다.


## 아침 명상

명상은 내 삶을 바꾼 아주 작은 습관 중 하나다.

2020년쯤, 퇴근 후 지쳐 잠들기 바빴던 어느 날이었다. 그날
따라 머릿속이 너무 시끄러워서 아무 음악도 듣기 싫었고, 아무
말도 하고 싶지 않았다. 그때 우연히 한 스님의 명상 앱을 접하
게 되었고, 그게 나의 첫 명상이었다.

앱 속에서 들려오는 산산한 음성에 따라 숨을 들이쉬고 내쉬
다 보니, 신기하게도 그 짧은 10분이 마음의 먼지를 털어내는
시간처럼 느껴졌다.

처음엔 '명상'이라는 단어가 조금 낯설었다. 그저 정신 수양
을 위한 수행이나 종교적인 행위로만 생각했었다. 하지만 명상
은 특별한 사람만 하는 일이 아니라, 지친 마음을 잠시 쉬게 하
는 일상 속 쉼표라는 걸 알게 되었다.

워킹맘으로 살다 보면, '나'를 위한 시간은 늘 마지막 순서로

밀린다. 아이를 챙기고, 남편의 일정에 맞추고, 직장 일까지 마치면 하루가 순식간에 흘러가버린다. 그래서 나는 하루 중 누구에게도 방해받지 않는 아침을 나만의 시간으로 삼기로 했다.

그게 '아침 명상'의 시작이었다. 처음엔 5분도 집중하지 못했다. 앉아 있는 동안에도 머릿속에는 '오늘 점심 뭐 먹지?', '아이 숙제 챙겼나?', '오늘 회의 준비해야 하는데'와 같은 생각들이 꼬리를 물었다.

하지만 명상의 핵심은 '생각을 멈추는 것'이 아니라, 떠오르는 생각을 바라보는 것이라는 걸 알게 되었다. 그저 흘러가게 두는 것이다. 생각을 붙잡지 않으면, 어느 순간 그것들이 자연스럽게 흩어진다. 그 순간 마음이 잔잔해지고, 하루를 시작할 용기가 조금씩 차오른다.

나는 명상을 단순한 '마음 안정'의 도구가 아니라, 집중력과 창조력을 끌어올리는 가장 강력한 훈련이라고 생각한다. 스티브 잡스가 그랬다.

"단순함은 궁극의 정교함이다."

그는 젊은 시절부터 선불교 명상을 꾸준히 실천했고, 애플의 창의적 문화와 리더십에도 그 철학을 녹였다. 그가 자주 말했던 '단순함의 미학'은 사실 명상에서 배운 통찰이었다. 그의 말처럼 명상은 머릿속 복잡한 생각을 비워내고 진짜 중요한 한 가지를 보게 만든다.

잡스 외에도 오프라 윈프리, 레이 달리오, 휴 잭맨 같은 세계적인 인물들이 모두 명상을 인생의 필수 루틴으로 두고 있다. 그들은 명상을 통해 마음을 정리하고, 영감을 얻고, 자신의 내면과 연결된다고 말한다.

처음엔 '유명인이 하니까 나도 해봐야지'라는 단순한 호기심이었다. 하지만 시간이 지날수록 깨닫게 됐다. 그들이 명상에 빠진 이유는 성공을 위한 전략이 아니라 삶의 균형을 찾는 방법이었음을.

나 또한 명상을 통해 마음의 중심을 잡기 시작했다.

은행에서 일하던 시절, 수많은 고객을 만나며 늘 긴장 상태로 살았다. 감정이 쌓이고 피로가 쌓이면 작은 일에도 쉽게 흔들리고 예민해졌다. 그 불안과 예민함이 아이들에게 영향을 끼치고 있다는 걸 느낄 때가 많았다. 그럴 때마다 명상은 나를 '지금 여기'로 데려왔다. 과거의 실수나 미래의 불안이 아니라, 오직 현재의 숨에 집중하게 했다. 그리고 그 순간, 나는 비로소 '괜찮다'는 감각을 느꼈다.

명상은 꾸준히 한다고 해서 매일 감동적인 체험을 주진 않는다. 어떤 날은 잡생각으로 가득 차 있고, 어떤 날은 그저 앉아 있는 것만으로 끝난다. 하지만 그 모든 날이 쌓여 '마음의 근육'을 만든다. 마치 운동선수가 근육을 단련하듯, 마음도 반복을 통해 강해진다. 한 번의 명상으로 인생이 바뀌지는 않지만, 매일의 명상이 인생을 단단하고 평온하게 만든다.

매일 아침 명상을 꾸준히 하다 보면 확실히 명상을 한 날과 하지 않은 날의 내 마음 상태가 많이 달랐다. 하루의 차분한 시작은 하루를 버티는 힘이 되어주었다.

이제 명상은 나에게 영감의 통로가 되었다. 책을 쓰거나 강연을 준비할 때, 새로운 아이디어가 필요할 때 나는 늘 명상으로 돌아간다. 가만히 눈을 감고 숨을 들이쉬면, 잠시 뒤 마음 한편에서 조용히 떠오르는 문장이 있다.

"그대로 괜찮다."

"나는 평온하다."

이 문장들이 나를 다시 일으킨다.

나는 지금도 매일 아침 명상을 한다. 명상은 나에게 '성공의 기술'이 아니라 '평온의 기술'을 가르쳐줬다.

처음 명상을 시작하는 분들에게 소개하고 싶은 유튜브 영상이 있다. '에일린 마인드 요가'인데 아름다운 영상과 함께 간단한 스트레칭과 명상을 겸하는 영상이다. 특히 중간에 나를 꼭 안아주는 부분이 있어 가장 좋아하는 명상 중 하나다. 10분 정도의 영상이니 매일 아침 시작해보길 강력 추천한다. 그 짧은 10분이 하루의 에너지를 바꿀 수 있다는 걸, 내가 경험으로 알고 있기 때문이다.

에일린
마인드
요가

## 아침 확언

끌어당김은 잠재의식과 연결되어 있고, 우리의 잠재의식을 바꾸기 위해서는 부단한 노력과 루틴이 필요하다. 내가 가장 먼저 시작한 건 출근길에 아침 확언을 외친 것이다.

처음엔 집에서 아이들 자는데 혼자 외치기가 어려워 출근길 차 안에서 큰 소리로 외쳤다. 인터넷상에 다양한 긍정 확언들이 있다. 거기서 내게 맞는 문장을 하나씩 찾아서 써보자. 또는 음악을 틀어놓고 내 목소리를 녹음해도 좋다. 잠재의식은 자신의 목소리에 더 크게 반응하기 때문에 녹음하고 내 목소리를 듣는 게 가장 효과가 좋다. 다른 사람의 목소리보다 내 목소리에 잠재의식이 깊게 반응할 것이고, 감정 이입을 할 수 있다.

나는 나만의 아침 확언을 만들어 보았다.

나는 내가 좋다.
나는 있는 그대로의 나를 사랑한다.
나는 행복한 사람이다.
나는 풍요롭고 여유롭다.
나는 다양한 경로를 통해 수입이 늘어남에 행복하고 감사하다.
나는 행복한 시간부자다.
나는 타인에게 더 나은 가치를 제공한다.

나는 날마다 성장한다.

나는 모든 문제의 답을 찾을 수 있는 지혜가 있다.

나는 지혜롭고 현명한 엄마다.

나는 원하는 것을 끌어당기는 힘이 있다.

삶은 나에게 더 좋은 것을 주려 한다.

나는 베스트셀러 작가다.

나는 나만의 글을 만들어서 아침 확언을 하기 시작했다. 나중에는 음악을 켜고 내 목소리로 직접 녹음한 뒤 그걸 들으며 따라 했다.

## 미래 감사 일기

미래 감사 일기는 책 후반에 오프라 윈프리의 영상을 소개하며 다시 한번 말하겠지만 중요한 건 미래 있을 일에 대한 감사함과 설렘을 느끼며 감사 일기를 쓰는 것이다.

우리의 잠재의식은 감정에 가장 큰 영향을 받는다. 만나고 싶은 사람을 만났을 때의 벅참, 원하는 소득을 달성했을 때의 기쁨, 원하는 장소로 여행을 갔을 때의 설렘 등 감정을 스스로 일으킬 줄 알아야 한다. 처음에는 어려울 수 있지만, 어린아이가 된 듯이 감사 일기를 작성해보자. 미래에 내가 이루었을 목표 또는 내가 원하는 모습의 나를 바라보는 상상을 하며 감사 일기를 쓰는 게 핵심이다.

다음은 내가 퇴사 준비를 본격적으로 시작한 2022~2023년도에 썼던 감사 일기 내용이다.

나는 25년 3월 은행을 퇴사함에 감사합니다.
나는 ○○ 지역 물건을 낙찰받음에 감사합니다.
나는 임차인과의 재계약에 감사합니다.

이루어져서 감사 일기를 쓴 게 아닌, 미래에 일어났으면 하는 감사 일기를 작성했고, 모두 이루어졌다. 뇌는 상상과 현실을 명확히 구분하지 못하기 때문에, 원하는 미래를 이미 이룬 것처럼 감사하며 글로 표현하면 뇌는 그것을 실제처럼 인식하고 그 방향으로 작동하게 된다.

'원하는 일을 하며 돈을 벌려면 오늘 내가 할 수 있는 작은 행동은 뭘까? ○○ 지역 물건을 구입하기 위해 내가 할 수 있는 오늘의 행동은 뭘까?'처럼 감사 일기를 쓰며 내가 오늘 할 수 있는 아주 작은 행동을 세 가지 추가로 작성했다. 그렇게 To Do List를 체크하며 성공적인 하루를 보내기 위해 노력했다.

인생을 바꾸기 위해서 엄청나게 달릴 각오로 살기보다 매일의 작은 행동을 실천하고 루틴을 만들자. 그걸 꾸준히 100일만 먼저 완성해보자. 평생 은행원으로 살 줄 알았던 내 인생을 바꾼 건 매일의 작은 습관과 꾸준함이었다. 성공한 사람들이 지겹도록 하는 말이지만 목표와 꾸준한 작은 습관이면 인생을 바꿀 수 있다.

## 비전 보드

나는 '비전 보드' 하면 존 아사라프(John Assaraf)가 가장 먼저 떠오른다.

그는 가난한 이민자의 자녀로 태어나 길거리의 문제아로 살다가 인생의 비밀을 알려준 한 현인을 만나 삶이 완전히 바뀌었다. 이후 그는 전 세계적으로 화제가 된 책 『시크릿』의 주인공 중 한 명이 되었다.

그의 유명한 일화가 있다.

어느 날 그는 아들과 함께 이삿짐을 정리하다가 낡은 상자 하나를 열었는데, 그 안에서 낯익은 그림들이 붙은 보드 한 장이 나왔다. 그것은 몇 해 전 자신이 작성한 비전 보드였다. 놀랍게도 그 보드 속에 붙어 있던 바로 그 집이, 지금 자신이 살고 있는 집이었다.

그는 그 사실을 깨닫는 순간 눈물을 흘렸다고 한다. 그가 수년간 매일 바라보며 상상했던 장면이 실제 현실이 되어 있었던 것이다.

나는 그 이야기를 듣고 곧바로 비전 보드를 만들었다. 원하는 이미지를 검색해 인쇄했고, A4 용지 위에 하나씩 붙였다. 그 안에는 내가 꿈꾸던 강연 무대의 나, 제주도의 세컨하우스, 남편이 바라던 자동차, 친구들과 와인을 들고 웃는 모습 등이 있었다. 그냥 '좋아 보이는 이미지'가 아니라, 내가 진심으로 마음이 끌리는 장면들이었다.

이후 나는 그것들을 주제별로 나누었다. '가족', '커리어', '부', '관계', '공헌' 다섯 가지로 구분해 사진을 정리하고, 그것을 포토앨범으로 만들어 아침마다 그 앨범을 펼쳤다. 그리고 가방 속에 넣어 늘 가지고 다녔다.

회사에서 기분이 좋지 않을 때면 퇴근길에 조용히 앨범을 꺼냈다. 그러면 이상하게도 어깨에 힘이 빠지고, 입가에 미소가 번졌다. 내가 원하는 삶의 장면을 눈으로 '확인'하는 그 순간, 혼란스러운 감정과 부정적인 생각들이 조용히 잦아들었다.

비전 보드는 단순한 장식이 아니다. 그것은 '시각의 힘'을 이용한 뇌 훈련 도구다. 어떤 표정을 짓고 싶은지를 매일 '기억'하게 도와주는 장치다. 보이지 않는 불안을 멈추게 하고, 보이는 희망으로 나를 이끌어준다.

나는 지금도 여전히 나만의 비전 보드를 만든다. 우리의 뇌는 '현실'과 '상상'을 명확히 구분하지 못한다. MRI 실험에 따르면 '레몬을 자른다고 상상만 해도' 실제로 신체에서 침샘이 반응한다. 즉, 뇌는 '보는 것'과 '경험하는 것'을 같은 자극으로 받아들인다. 그래서 비전 보드는 단순히 '붙여놓는 그림'이 아니라, '뇌에 내가 원하는 현실을 미리 보여주는 시각적 신호'인 셈이다.

매일 그 이미지를 보면, 뇌는 그것을 이미 일어난 일처럼 인식하고, 그 현실을 만들기 위해 필요한 정보와 사람, 행동을 스스로 찾아 나선다. 이것이 바로 '망상활성계(RAS, Reticular Activating System)', 즉 뇌의 '선택적 주의 필터'가 작동하는 원리다. 내가 집중하는 대상이 바뀌면, 세상이 나에게 보여주는 정보도 달라진다. 그래서 비전 보드를 자주 보면 볼수록 뇌는 그 목표와 관련된 단서를 스스로 인식하고 연결하기 시작한다.

예를 들어, '강연하는 나'의 이미지를 반복해서 보면, 어느 순간부터 관련 기회나 인연이 눈에 더 잘 들어오기 시작한다. 뇌가 이미 '그 방향으로' 조준된 상태가 되기 때문이다. 그리고 언젠가 그 이미지가 현실로 펼쳐질 때, 당신은 알게 될 것이다. 그 모든 시작이 단 한 장의 종이 위에서 한 번의 상상으로부터 비롯되었다는 것을.

비전 보드는 거창한 목표를 위한 것이 아니다. 그저 내가 어떤 삶을 살고 싶은지를 바라보게 하는 나침반이다. 지금의 나는,

과거의 내가 그려온 상상 위에 서 있다. 그걸 증명하는 건 특별한 마법이 아니라, 매일 나의 시선을 어디에 두었는가 하는 아주 단순한 원리였다. 당신의 뇌는, 당신이 바라보는 방향으로 당신의 현실을 만든다.

## 목표 쓰기(YMWT)

나는 목표를 쓸 때마다 '왜(Why)'라는 질문부터 던진다.

책 『원씽(The One Thing)』을 읽고부터 매일 다이어리 상단에 이렇게 네 가지를 쓴다.

Y : 올해(Year)의 목표
M : 이번 달(Month)의 목표
W : 이번 주(Week)의 목표
T : 오늘(Today)의 목표

나는 이 방식을 YMWT 시스템이라 부른다.

겉보기엔 단순한 목록처럼 보이지만, 나에게는 '삶의 방향을 잃지 않게 하는 나침반'과 같다. 매일 아침 다이어리를 펼치면 제일 먼저 'Y'를 쓴다.

'올해의 목표(Year)'를 적으며 나는 속으로 '왜 이 목표를 원하는가?'를 되묻는다. 그 목표를 이루었을 때 어떤 감정을 느끼고 싶은지, 그것이 나의 삶에 어떤 의미를 줄지 묻는다.

그다음 'M', 이번 달의 목표를 적는다. '올해의 큰 목표'를 이루기 위한 중간 단계, 즉 이번 달 안에 반드시 완성해야 할 구체적인 행동을 쓴다.

그다음 'W', 이번 주의 목표다. '이달의 목표'를 달성하기 위해 이번 주에 내가 집중해야 할 일들을 떠올린다.

끝으로 'T', 오늘의 목표를 쓴다. 오늘 하루 내가 실천할 작은 행동 2~3가지를 적으며, 그 행동들이 올해의 큰 목표와 어떻게 연결되는지 스스로 점검한다.

이렇게 연결된 구조로 목표를 세우면, 내가 매일 어디로 향하고 있는지 명확해진다. 다른 일이나 사람의 제안에 흔들리지 않고 '이건 지금 내 방향과 맞는가?'를 스스로 묻게 된다.

사실 나는 호기심도 많고, 뭐든 해낼 수 있다는 자신감도 강한 사람이다. 이 두 가지가 장점이지만, 동시에 귀가 얇다는 단점도 있다. 새로운 제안이나 기회가 올 때마다 "혹시 이게 더 나은 길 아닐까?" 하는 생각이 든다. 그럴 때마다 나는 다이어리를 펼치고, 맨 위의 'YMWT' 네 글자를 본다. 이것이 내 마음이 흔들릴 때마다 나를 제자리에 돌려놓는다.

끌려다니는 삶이 싫어서 회사를 나왔지만, 때로는 다른 사람들의 생각의 파도에 휩쓸릴 때가 많았다. 그때마다 나는 다시 펜을 들고 나의 목표와 비전을 써 내려간다. 이제는 이 네 글자가 내가 다시 중심을 찾는 의식처럼 느껴진다.

예를 들어, 올해는 나의 목표를 이렇게 세웠다.

Y : 베스트셀러 작가, 1만 인플루언서

M : 종이책 원고 출판사 전달, 전자책 마무리

W : 주 3회 릴스 제작, 매일 아침 1시간 글쓰기

T : 릴스 기획, 투자 금액별 아파트 조사, 글쓰기

욕심이 많아 보일 수도 있다. 하지만 이 모든 목표는 결국 내 비전의 방향 아래 있다. '작가'로서의 나, 그리고 '크리에이터'로서의 나. 이 두 가지는 서로 다른 길이 아니라, 같은 목표를 향한 두 개의 발이었다.

YMWT를 쓰기 전, 나는 늘 중장기 목표 한 줄을 먼저 읊는다. 그 문장을 크게 소리 내어 읽거나 다이어리 첫 장에 다시 적는다. 그다음 YMWT를 채워 나가면, 하루의 모든 행동이 자연스럽게 하나의 방향으로 정렬된다.

뇌는 반복된 언어와 이미지에 반응한다. 매일 목표를 쓰고, 소리 내어 읽는 행위는 뇌에게 "이것이 나의 현실이 될 일이다"라는 신호를 주는 것과 같다. 그러면 뇌는 그 목표를 이루기 위한 방법을 스스로 탐색한다. 필요한 사람을 연결해주고, 새로운 아이디어를 떠오르게 한다. 실제로 나는 그렇게 해서 올해의 목표였던 '1만 인플루언서'를 예상보다 빨리 달성할 수 있었다.

이제 나는 내년의 목표를 향해 또다시 펜을 든다. YMWT는 단순한 글쓰기 습관이 아니다. 그건 '생각을 현실로 만드는 언어의 훈련'이다. 목표를 종이에 적는 순간, 그것은 추상적인 꿈이 아니라 구체적인 약속이 된다. 그리고 그 약속을 매일 확인하는 사람만이 끝내 자신이 정한 곳에 도착한다.

지금 펜을 들어 당신의 YMWT를 써보자. 올해의 목표, 이번 달의 목표, 이번 주의 목표, 오늘의 목표. 그리고 눈을 감고 그 목표가 이미 이루어진 장면을 상상해보라. 뇌는 그 상상을 현실로 만들기 위해 지금 이 순간부터 움직이기 시작할 것이다.

**실전**

# 나만의 비전과 확언 목표 쓰기

① 5년 또는 10년 후 이루고 싶은 나의 모습을 한 문장으로 작성해보자.

② 내가 만들고 싶은 아침 확언을 적어보자.

◉ ①번의 비전을 바탕으로 나만의 YMWT를 작성하자.

Y

M

W

T

# PART 3

# 마음의 파동이 만든
# 인연들

# 내가 보낸 파동이 현실을 만든다

$

"내가 보내는 파동이 현실을 만든다."

처음 이 말을 접한 건 대학 시절, 전 세계적으로 회자된 『시크 릿』을 통해서였다. 20대 초반의 나는 막연하지만 간절하게 승무 원을 꿈꿨고, 책 속 문장들이 현실이 되길 바랐다. 그러나 두 번 의 항공사 지원에서 모두 1차 탈락했다.

'역시 꿈은 아무나 이루는 게 아니야.'

그때 나는 믿음을 거두었고, 부모님의 형편을 핑계로 빠르게 꿈을 접었다. 나와 『시크릿』의 인연은 그렇게 짧고 조용히 끝나 는 듯했다. 시간이 흘러 다시 『시크릿』을 펼쳤을 때, 그건 단순 한 재독이 아니었다. 필사하고 낭독하고 싶을 만큼 문장들이 깊이 마음에 스며들었다. 끌어당김은 허무맹랑한 개념이 아니라 내 경험과 수많은 사람의 체험으로 검증된 '세상의 작동 원리'임을 느꼈다. 문득 "호랑이도 제 말 하면 온다"는 속담이 떠올랐다. 이는 단순한 말장난이 아니며 오랜 경험이 쌓여 정제된 삶의 지혜다. 국어사전은 이 속담을 "그 사람이 없다고 흉보다 보면 공교롭게도 그 사람이 나타나는 경우"로 풀이한다. 수없이 되풀이된 우연이 축적되어 속담이 되었고, 나는 그 배경에 보이지 않는 에너지와 '주의의 방향'이 작동한다고 본다.

현실에서도 누군가를 떠올리거나 그 사람 이야기를 막 꺼냈는데 마치 내 생각을 들은 듯 연락이 오거나 길에서 마주치는 일이 생겼다. 은행에서 일을 할 때도 그랬다. '오늘 그 고객만은 오지 않으면 좋겠다'고 스치듯 생각한 순간, 마음을 다잡기도 전에 그 고객이 내점하곤 했다. 해외를 드나들며 큰 업무를 맡기던 한 고객 이야기를 직원과 나누던 그때, 그 고객이 문을 열고 들어온 적도 있었다. "호랑이도 제 말 하면 온다"는 속담이 내 일상에서는 끌어당김의 법칙으로 작동하고 있었다.

"생각이 정말 현실을 바꿀 수 있을까?"

이 물음은 결국 과학과 맞닿는다. 양자역학은 눈에 보이지 않는 미시세계를 연구하는 학문인데, 이를 잘 보여주는 대표적 실험이 '이중 슬릿 실험'이다. 전자를 두 개의 틈으로 쏘면 관측하지 않을 때는 파동처럼 간섭무늬가 나타나고, 경로를 측정하면

입자처럼 두 줄로 나타난다. 핵심은 '측정(관측 장치의 개입)' 여부에 따라 결과가 달라진다는 사실이다. 왜 그런지는 여전히 논쟁적이지만, 최소한 우리에게 주는 통찰은 분명하다. 무엇에 주의를 두는가가 결과의 양상을 바꾼다는 것이다. 노벨상을 수상한 천재 과학자, 리처드 파인만이 "아무도 양자역학을 완전히 이해한다고 장담할 수 없다"고 한 이유도 이 세계가 우리의 상식과 다르게 작동하기 때문이다.

물론 미시세계의 현상을 곧장 일상에 1:1로 대입하는 건 무리다. 하지만 '주의의 방향이 결과를 바꾼다'는 실마리는 뇌과학에서도 확인된다. 특정 생각을 반복하면 시냅스 회로가 강화되고, RAS(망상 활성계)라는 주의 필터가 그 생각과 관련된 정보만 유난히 잘 잡아낸다고 한다. 한 번 마음에 '빨간 차'를 떠올리면 도로에 빨간 차가 유독 눈에 띄는 것도 원하는 목표에 주파수를 맞출수록 우리는 그와 관련된 기회, 사람, 정보를 더 또렷하게 포착하기 때문이다. 보이지 않는 에너지의 언어로 말하면 '진동의 공명'이고, 뇌의 언어로 말하면 '주의의 선택'이다. 두 표현이 가리키는 방향은 같다.

그래서 내가 내린 결론은 단순하다. 현실을 바꾸고 싶다면, 지금 이 순간부터 원하는 삶을 이미 살고 있는 사람처럼 생각하고, 느끼고, 행동해야 한다는 것이다. 그 감정은 막연한 희망이 아니라, RAS를 깨우는 신호이자 주변 세계와의 공명을 이끌어내는 주파수다. 감사 일기로 그 감정을 매일 '기록'하고, 시각화로 그 장면을 '재생'하고, 작더라도 즉시 '행동'하라. 마음의 방향—감정—행동이 한 줄로 이어질 때, 생각은 비로소 현실에 닿는다.

결국 끌어당김은 신비가 아니라 무엇을 오래 바라보는가(방향), 얼마나 자주 깊게 느끼고 움직이는가(밀도) 이 두 가지가 겹쳐지면서 인생이 조용히 궤도를 바꾸는 것이다.

# 나를 성장시키는 사람 곁에 머물러라

$

책을 많이 읽게 된 후로 좋아하는 작가의 출판기념회나 북토크에 참여하는 것이 하나의 취미가 되었다. 지금도 독서 모임 두 곳에 꾸준히 나가고 있다. 책을 읽고 난 뒤 작가를 직접 만나고 싶다는 마음이 생기면, 인스타그램이나 유튜브를 찾아 구독한다. 그러다 보면 자연스럽게 출판기념회나 북토크 소식을 알게 된다. 요즘은 교보문고 같은 대형 서점에서 다양한 작가들을 초청해 문화 프로그램을 열기도 하니, 좋아하는 작가의 신작 소식을 접하는 것뿐 아니라 새로운 작가와 만나는 기쁨도 누릴 수 있다. 나에게 독서는 단순한 취미를 넘어 또 다른 문화생활로 이어진 셈이다.

관심 있는 분야의 강연에 가는 것도 적극 추천하고 싶다. 성공한 사람, 많은 이들을 이끄는 사람에게는 특유의 에너지가 있다. 책으로는 결코 느낄 수 없는 생생한 기운과 설렘이 현장에서 전해진다. 나는 강연에 가면 "그 사람에게 딱 한 가지만 배워와서 실천하자"고 늘 다짐한다. 켈리 최 회장님의 강연에서 백일장 소식을 들었을 때도 망설임 없이 도전했다. 그리고 내 인생 첫 백일장에서 대상을 받았다. 심사위원으로는 켈리 최 회장님뿐 아니라 국내 주요 출판사의 관계자들까지 있었다. 어릴 적 글을 잘 쓴다는 말을 들어본 적조차 없었기에 대상 수상은 여전히 신기한 경험으로 남아 있다. 지금 이렇게 글을 쓰고 있으면서도 작가가 된다는 사실이 낯설게 느껴질 때가 많다. 책 읽기는 좋아하지만, 글쓰기는 여전히 내게 커다란 도전 과제다.

한 번 기적을 경험하면 또 도전할 힘이 생기는 법, 그렇게 나는 고명환 작가님을 알게 되었다. 그의 책을 읽고, 강연을 들으면서 내 인생은 또 한 번 바뀌었다. 그날 강연 주제는 '365일 가슴 설레며 일하는 법'이었다. 제목을 보는 순간, 마치 나를 위한 강연인 것 같았다. 이미 그의 책을 모두 읽고 팬이 되어 유튜브에서 강연 광고를 보자마자 바로 신청했다. 강연 당일은 비가 오는 궂은 날씨였고, 차로 한 시간을 달려야 했지만, 나는 남편을 졸라 함께 갔다.

작가님은 죽음의 문턱에서 큰 후회와 깨달음을 얻었다고 했다. 그중에서도 내 가슴을 깊이 찌른 건 '집오리 비유'였다. 안전한 울타리 안에서 지내는 집오리는 어느 날, 하늘을 나는 야생오리의 소리를 듣는다.

'나도 저렇게 날 수 있지 않을까?'

집오리는 자신의 날개를 퍼덕여 보지만, 주인이 밥을 주는 소리가 들리자 다시 울타리 안으로 돌아간다. 그리고 그 안에서 머리를 울타리에 쾅쾅 부딪치며 되묻는다.

'나는 정말 날 수 없는 걸까? 아까 본 그 야생오리처럼……'

그 이야기는 내게 화살처럼 다가와 박혔다. 그 집오리가 바로 나였기 때문이다. 안정적인 국책은행, 높은 급여, 예측 가능한 미래, 자부심을 주는 명함까지…… 모든 게 다 갖춰진 곳에서 나는 왜 행복하지 않았을까? 수천 번을 묻고 또 물었다. 나만 이곳에 정착하면 가족이 편할 텐데 왜 나는 이토록 괴로울까? 나는 항상 자책했다. 하지만 그 강연에서 깨달았다. 그것은 단단한 울타리에서 벗어나 훨훨 날고 싶다는 내 영혼의 목소리라는 걸 말이다.

그날 나는 책과 강연을 통해 누군가의 인생을 바꾸고 좋은 영감을 주는 사람이 되자고 결심했다. 고명환 작가님은 "누구나 각자의 이야기가 반드시 있다. 그 이야기로 책을 내라. 그리고 자신만의 브랜드로 글을 쓰라"고 강조했다. 그 말은 내 안의 직감을 강하게 흔들었다. 나는 원래 직감력이 강한 편이다. 뭔가 내키지 않는 일이 있으면 결과도 대체로 그저 그랬다. 반대로, 내 안 깊은 곳에서 발작 버튼이 눌린 듯 강렬히 끌릴 때는 늘 좋은 결과를 얻었다. 그래서 요즘 나는 중요한 결정을 내릴 때 나 자신에게 묻는다.

'이거 괜찮아?'

'어떤 것 같아?'

'끌리니?'

책을 많이 읽고, 나와 대화를 깊이 나누면서 내 직감력은 더 뾰족해졌다. 그리고 몸속 어딘가에서 찌릿하며 "아, 이거다!" 싶은 순간이 오면 주저하지 않고 행동한다. 그날도 그랬다.

'그래, 나도 써보자!'

그 결심으로 글을 쓰기 시작했고, 지금 이렇게 한 권의 책이 되기 위해 글을 써 내려가고 있다. 책이 출간된 것도, 유명해진 것도 아니지만 '작가'라는 새로운 정체성이 내 마음을 설레게 한다.

'이보은 작가…… 윽!' 혼자 중얼거리다 미소가 번진다.

# 글로벌 CEO 켈리 최 회장님과의 저녁 식사

$

워런 버핏과의 점심 식사를 위한 경매가 2022년에는 무려 1,950만 달러, 한화로 약 250억 원에 낙찰되었다고 한다. 정말 어마어마한 금액이다. 내게는 2023년 연말에 열린 켈리 최 회장님의 강연이 바로 그런 기회였다. 그날 강연에서 백일장 개최 소식을 들었는데, 주제는 회장님께서 가르쳐주신 마인드를 바탕으로 자신의 성장 스토리를 쓰는 것이었다. 수상자 10인 안에 들면 회장님과 저녁 식사를 함께할 수 있고, 성장 프로그램과 다양한 경품도 준비되어 있었다.

어릴 적 글쓰기는 늘 하기 싫은 숙제였다. 백일장에서 상을 받아본 적도 없다. 그런데 그날 나는 설렘에 휩싸여 작가가 된

듯 글을 썼다. 성인이 되어 처음 도전한 백일장은 내 삶을 돌아보는 시간이 되었고, 창작의 고통을 느끼다가도 피식 웃음이 나왔다. 무엇보다 '내 글이 회장님과 만나는 다리가 될지도 모른 나'는 생각이 내 손을 멈추지 않게 했다. 그때는 마치 첫눈에 반한 이성을 만난 듯 불꽃이 튀었다. 당시 다가구 건물을 낙찰받아 공사하느라 지방을 오가던 바쁜 시기였지만 워킹맘으로 투자까지 해온 나는 시간 쪼개기에 자신이 있었기에 공사장 근처 카페에 앉아 글을 써 내려갔다.

결국 그 글은 내 인생을 바꾸는 씨앗이 되었다. 작가라는 꿈은 단 한 번도 꿔본 적 없는데 회장님을 만나고 싶다는 단순한 열망이 나를 글쓰기의 길로 이끌었다. 글을 제출하고 나니 수상에 대한 간절함이 더 커졌다. 그래서 다이어리에 '웰씽킹 백일장 10인 수상'을 100번 적었다.

그리고 단순히 쓰는 데서 멈추지 않았다. 네이버 카페에 들어가 다른 참가자들의 글을 읽고, 공감하며 댓글을 달았다. 그것밖에 할 수 있는 게 없었지만, 오히려 그 과정이 나를 성장시켰다. 수많은 사람들의 역경과 도전을 읽으며 희망이 보였고, 댓글 속 응원과 격려는 내게 낯선 벅참과 설렘을 안겨주었다. 또 매일 같이 회장님을 만나는 시각화를 했다. 회장님 사무실에 들어가 꼭 안기는 장면과 회장님이 "보은아, 고생했어!"라고 말해주시는 장면을 매일 떠올렸다. 그럴 때마다 울컥했고 "정말 만날 수 있겠다"는 확신이 점점 커졌다. 그리고 운명의 날, 결과 발표에서 내 이름이 '대상'으로 호명되었다. 나는 믿을 수 없었다. 온 가족이 TV로 유튜브 생중계를 보던 중 바닥에 주저앉아 "말도 안 돼…… 맙소사……"를 반복하며 눈물을 흘렸다.

나에게 켈리 최 회장님과의 저녁 식사는 워런 버핏과의 식사에 버금가는 만남이었다. 그래서 간절한 마음으로 글을 썼고, 지금도 믿기지 않지만 대상이라는 결과를 받았다. 그리고 정말 꿈꾸던 대로 회장님과 저녁 식사를 함께할 수 있었다. 간절히 시각화하며 상상했던 장면이 눈앞에서 펼쳐졌을 때, 나는 끌어당김의 법칙이 존재함을 또 한 번 확신했다.

켈리 최 회장님은 40대에 10억 원의 빚을 지고 다시 일어서 7,000억 매출을 달성한 글로벌 여성 CEO다. 내가 회장님을 알게 된 건 둘째 아이 육아휴직을 마치고 복직을 앞두고 있던 시기였다. 1년간 아이를 돌보며 '앞으로 내가 진짜 하고 싶은 일은 뭘까?' 고민했지만 마음을 온전히 끌어당기는 것은 없었다. 그러던 중에 읽은 책이 바로 『웰씽킹』이었다. 회장님의 유튜브까지 찾아보며 나는 단숨에 '찐팬'이 되었다. 소탈하고 인간적인 모습은 내가 은행에서 만난 부자들과는 전혀 달랐다.

실제로 뵙고 나니 회장님의 후광은 말로 표현하기 어려웠다. 은행 VIP실에서 몇백억, 몇천억 자산가들을 만나봤지만 내가 진심으로 존경하는 분이라서였을까, 회장님께는 남다른 에너지가 있었다. 마치 백호를 마주한 듯 영험한 기운이 느껴졌고, 같은 공간에 있는 것만으로도 긍정 에너지가 전해졌다.

나는 회장님의 자기계발 영상을 보며 그대로 따라 하기로 결심했다. 시각화, 독서, 100번 쓰기, 목표 100번 100일 말하기, 100일 명언 필사…… 단 한 번도 끈기 있다고 불린 적 없는 내가 하나하나 완주하기 시작했다. 그리고 신기하게도 무언가를 시작하면 끝을 보는 끈기와 자신감이 생겼다.

성공은 단순히 행운이 아니다. 습득(인풋) → 도전 → 난관 → 문제 해결 → 작은 성공 → 경험과 자신감 축적 이 과정을 반복하며 자신감이 쌓이고, 더 큰 목표를 끌어당기는 힘이 생기는 것이다.

부동산 투자도 마찬가지다. 지방 소액 아파트 → 상가 → 다가구 순으로 점차 난도를 높여가며 도전했다. 회사에서도 같은 원리를 적용했다. 책임자 승진을 준비하면서 나는 이미 책임자인 것처럼 행동했고, 빠른 승진으로 결과를 얻었다. 이후에는 PB 예비전문역이 되어 VIP 고객을 관리하며 200% 이상의 실적을 달성했고, 신탁 상품 부분 전국 최우수 직원으로 뽑히기도 했다 (지역 본부별로 뽑는 거라 여러 명이기는 했다).

이렇게 성공 법칙은 삶의 모든 영역에서 통한다. 책에 반복해서 같은 이야기를 하는 이유도 진리는 단순하기 때문에 계속해서 강조되는 것이다. 여러분도 원하는 5년 후, 10년 후의 자신의 모습을 상상해보자. 그리고 오늘 당장 목표를 적고, 할 수 있는 작은 행동을 실행해보자. 지금 당장 상상하고, 행동하기 위한 목표를 적어라. 그것이 미래의 당신을 현실로 끌어당길 것이다.

# 대한민국의 '부자 아빠'를 만난 날

$

퇴사를 마음먹고 제일 먼저 붙잡은 공부가 경매라는 건 앞서 이미 이야기했다. 그즈음 유튜브를 통해 한 분을 알게 되었는데, 당시 구독자 50만의 경매 분야 대표 채널을 운영하던 분이다. 온라인으로만 수없이 뵈었지만, 언젠가 꼭 한 번 직접 만나고 싶은 투자 롤모델이었다. 2024년을 마무리할 즈음, 내가 입찰, 낙찰, 명도, 임대를 거쳐 세팅한 물건들이 안정적인 월세 흐름을 내기 시작했다. 든든한 커뮤니티에서 배움을 얻었고, 현장에서 쓸 수 있는 '경매 기술'을 체득한 덕분이었다. 퇴사의 빈틈을 채워준 가장 확실한 무기였다. 교육 기관과 그 수장이신 대표님께 제대로 감사 인사를 전하고 싶었다.

나는 내가 받은 만큼 돌려주고 싶은 마음과 누군가에게 작은 방향이 될 수 있길 바라며 커뮤니티 카페에 긴 글을 올렸다. 공부 과정, 시행착오, 투자 물건과 결과까지 솔직하게 적었다. 글을 올리고 나니 만감이 교차했다. '나, 정말 고생 많았다'는 자평과 함께 묘한 예감이 고개를 들었다. 사회생활로 겨우 길러낸 눈치와는 결이 다른, 더 깊고 선명한 감각이었다. 사람의 에너지, 상황의 흐름, 일이 풀리는 타이밍 같은 것들 말이다. 그날도 왠지 연락이 올 것 같았다. 그리고 정말 이틀 뒤, 그 커뮤니티의 스태프로부터 전화가 왔다.

"대표님께서 글을 읽고 인터뷰 출연을 요청하셨어요. 2025년 첫 게스트로 모시고 싶습니다."

'오 마이 갓…… 진짜 시작이구나.'

떨리는 마음을 추스르며 출연하겠다고 대답했다. 사전 질문지는 별도로 없고, 라이브로 내가 준비한 PPT 내용을 풀어가는 방식이라고 했다. 전화를 끊고 나서야 심장이 두근거리는 소리가 귓가에서 또렷이 들렸다. 이전에 녹화 인터뷰를 해본 적은 있지만, 라이브는 처음이어서 준비를 더 단단히 해야 했다. 사례의 흐름, 숫자, 관건이었던 분기점, 문제를 돌파한 선택과 근거 등을 한 장면씩 머릿속에서 리허설을 돌렸다.

드디어 촬영 당일, 떨리는 마음을 안고 스튜디오로 향했다. 문을 열고 들어가 인사를 나누는 순간, 몸이 사시나무처럼 떨렸다. 카메라, 조명, 모니터, 스태프의 분주한 걸음…… 낯선 공기가 목을 말렸다. 살면서 손가락에 꼽힐 정도로 떨렸던 것 같다. 생방은 처음이고 사전 질문지도 없으니 불안할 수밖에 없었다. 그런데 생방송 신호가 들어오자 분위기가 달라졌다. 진행석에 앉은 대표님은 처음부터 환한 표정과 안정적인 톤으로 이야기를 이끌었다.

"오, 이게 바로 프로구나."

공감과 질문의 타이밍, 집중을 끌어올리는 리액션, 디테일을 짚어주는 질문 등 모든 게 매끄러웠다. 사전 질문이 없어도 괜찮았다. '꾸민 서사'가 아니라 내가 몸으로 겪은 이야기여서 준비한 PPT를 따라가니 사례가 술술 풀렸다. 채팅창은 쉴 새 없이 올라갔지만, 나는 화면 대신 호흡에 집중했다. 천천히, 그러나 정확하게 낙찰의 논리, 명도의 태도, 대출·세금·현금흐름의 안전마진, 그리고 무엇보다 초보가 첫 사이클을 통과할 때 필요한 '마음의 세팅'까지 담담하게 풀어냈다.

방송을 마치고 나니, 처음 느꼈던 낯섦과 경직은 흔적도 없이 사라져 있었다. 대표님은 "짧은 시간에 여러 물건을 안정적으로 세팅했네요"라며 칭찬해주셨고, 카페 활동도 열심히 해달라는 당부도 잊지 않으셨다.

스튜디오를 나오는 길에 문득 웃음이 났다. 원하는 사람, 원하는 장면을 머릿속에 분명히 그리고, 그에 맞는 행동을 꾸준히 해두면 어느 날 그 장면이 현실로 당겨진다. 켈리 최 회장님을 만났을 때와 똑같은 감각이었다. 이번에도 '정성스러운 글'이라는 작은 도구가 빛을 발했고, 그 도구가 사람과 사람을 이어주었다. 나는 요즘도 묻는다.

"다음엔 어떤 사람을 끌어당길까?"

# 원하는 사람을 끌어당기는 힘

$

아파트, 상가, 다가구를 경험한 뒤 나는 다음 목표를 고민했다. 부동산 투자자라면 누구나 한 번쯤 꿈꾸는 단계로, 땅을 사고 건물을 직접 짓는 것이다. 나 역시 언젠가 디벨로퍼의 길로 가고 싶었다.

그러던 어느 날, 교보문고에서 한 여성 저자의 책이 눈에 들어왔다. 강남의 오래된 구옥을 사들여 개발하는 디벨로퍼 회사의 대표가 쓴 책이었다. 대한민국 사람이라면 누구나 꿈꾸는 강남 건물주가 된 그녀의 이야기는 나에겐 너무 멀리만 보이던 세계였다. 하지만 책장을 넘기며 '나도 언젠가 해볼 수 있지 않을까?'라는 희망이 스쳤다. 책 속에서 알게 된 놀라운 사실은, 그녀가 운영하는 카페가 우리 집 근처에 있다는 점이다. 늘 즉흥적인 나는 주말 아침 남편과 함께 그 카페로 향했다. 카페에 앉아 커피를 주문하고, 덮어두었던 책의 나머지를 읽어 내려갔다. 그러다 마음 깊숙한 곳에서 강렬한 생각이 올라왔다.

"이분을 꼭 만나야겠다. 마치 내 다음 투자가 이 길인 것 같다."

그런데 정말 믿기 어려운 일이 벌어졌다. 책을 덮고 강남 건물주가 된 나 자신을 상상하며 행복한 기운을 느낀 바로 그 순간, 계단을 통해 그녀의 배우자가 올라왔고, 그 뒤를 이어 저자 본인이 내 옆 테이블에 앉는 것이 아닌가!

평소 같았으면 부끄러워서 인사도 못 했을 텐데 그 순간 "이건 끌어당김"이라는 직감이 들었다. 나는 바로 책을 내밀며 사인을 부탁했고, 저자는 환하게 웃으며 친절하게 응해주었다. 실물은 책 속 사진보다 훨씬 더 아름다우셨다. 사진까지 함께 찍으며 이 운명적인 순간을 기록했다. 두 분은 그날 공사 현장에 다녀오던 길이었고 몇 달 만에 카페에 들른 거라고 했다. 위탁 운영이라 자주 오지 않는데 하필 그날, 그 시간에 오게 된 것이다. 나는 단순한 우연이 아니라는 걸 확신했다. 내가 강렬히 원했기에 내 생각의 파동이 그녀에게 전달된 만남이었다.

이후 나는 그녀에게 컨설팅을 꼭 받고 싶었다. 수많은 신청자들 때문에 담당자가 배정되지 않아 답답했지만, 집요하게 연락한 끝에 결국 컨설팅을 받을 수 있었다. 더 놀라운 건, 은행 외근

길에 유튜브 라이브를 켰는데 그녀가 내 얘기를 하고 있었다는 점이다. "얼마 전 카페에서 한 독자분의 책에 사인을 해줬다"는 일화를 직접 언급했다. 그 순간, 영성서에서 말하는 '모든 것은 연결되어 있다'는 말이 피부로 다가왔다.

사람은 각자 고유한 에너지를 갖고 있고, 그 결이 맞으면 인연으로 이어진다. 반대로 어두운 에너지를 지닌 사람은 그와 결이 비슷한 사람끼리 만난다. 결국 중요한 건, 나 자신의 에너지를 관리하는 일이다. 밝고 긍정적인 에너지를 품을수록 좋은 사람과 기회가 끌려온다. 책을 완독하고 강남 건물주라는 생생한 상상을 한 직후, 작가가 눈앞에 나타난 사건은 우연이 아니었다. 과정을 정리하면 이렇다.

상상(강남 건물주가 되고 싶다) → 행동(작가의 카페에 직접 방문) → 감정(책을 덮고 설렘과 확신, 반드시 만나겠다는 다짐) → 현실화(작가가 눈앞에 나타남)

돌아보면 내 끌어당김은 늘 이런 식이었다. 상상하고, 행동하고, 감정을 생생히 느끼면 현실이 따라왔다. 비슷한 경험은 또 있었다. 인스타그램을 빠르게 1만 팔로워까지 키우고, 한 영상이 100만 조회수를 넘겼을 때였다. 가슴이 벅차며 이런 생각이 들었다.

"이 흐름대로라면 언젠가 내가 좋아하는 작가님의 채널에 나가 인터뷰할 수 있지 않을까?"

그날 밤은 유난히 설레고, 실제로 그 장면이 눈앞에 그려졌다. 그리고 다음 날, 강남으로 임장을 가던 길에 점 찍어둔 마지막 아파트를 볼까 말까 고민하다가 억지로 발걸음을 옮겼다. 그런데 놀랍게도 정문 앞에서 전날 밤 상상했던 바로 그 작가 겸 유튜버를 가족들과 마주친 것이다. 너무 놀라 인사도 못 하고 고개를 돌렸지만, 내 강한 생각이 곧바로 현실로 나타난 순간임을 직감했다.

이런 경험은 한두 번이 아니다. 최근에도 출연을 미뤄왔던 유튜브 채널 대표의 연락이 갑자기 닿았다. '혹시 내가 튕긴 걸로 생각하시나?'라는 걱정을 했던 바로 그날에 연락이 온 것이다. 이쯤 되면 알 수 있다. 강하게 원하고, 행동하고, 생생하게 감정을 느끼면 결국 현실로 이루어진다는 걸.

강하게 끌어당기면 반드시 이뤄진다! 중요한 건 단순한 바람에서 그칠 것이 아니라 감정까지 온전히 느끼며 몰입해 지금 이미 이루어진 듯 느끼는 것이다. 그 진동이 나의 세상을 움직인다.

# 삶은 나에게 더 좋은 것을 주려 한다

$

'삶은 나에게 더 좋은 것을 주려 한다.'

나는 이 문장을 참 좋아한다. 기분이 가라앉거나 부정적인 생각이 들 때면, 늘 이 말을 되뇐다. 아침 확언을 할 때 반드시 넣었던 문장이기도 하다. 정확히 어디서 처음 들었는지는 기억나지 않지만, 아마 영성 서적이나 내게 깊은 영감을 준 누군가의 말이었을 것이다. 단순히 긍정적인 사고를 가지라는 것처럼 들리지만, 이 문장은 내 삶의 중요한 순간마다 꼭 필요한 것을 제때 안겨주기도 했다.

퇴사 후 나는 줄곧 '지식창업'을 해야겠다고 생각했다. 자본이 없어도 내 경험과 지식으로 할 수 있는 일이었기 때문이다.

은행에서 16년간 일하며 부동산 투자를 해온 노하우를 바탕으로 누군가에게 투자를 가르치는 일을 해보고 싶었다. 누군가를 가르치고 성장시키는 일이 나와 잘 맞는다는 것도 알았다. 그런 생각을 하고 있던 어느 날, 꽤 유명한 온라인 클래스 플랫폼에서 연락이 왔다. 영상 콘셉트와 제작을 지원해줄 테니 온라인 강의를 열어볼 생각이 없냐는 제안이었다. 회의 자리에서 이야기를 듣는 순간, 당장 촬영을 시작하고 싶다는 마음이 솟구쳤지만 이미 진행 중인 일이 많아 그때는 다음을 기약할 수밖에 없었다. 대신 '내가 강의하고 싶다고 생각한 에너지가 이런 기회를 불러왔구나' 하는 걸 깨달았다. 삶이 나에게, 언제든 내가 원하는 때에 꺼낼 수 있는 '보험' 같은 기회를 건네준 것이다. 책 『시크릿』에는 이런 문장이 있다.

"요청하고, 그것이 이미 당신의 것이라고 믿는 순간, 우주는 그것을 눈에 보이는 현실로 나타내기 위해 작용하기 시작한다."

많은 이들이 이 구절을 오해한다. 그저 상상만 하면 이루어진다고 믿다가 막상 이루어지지 않으면 '거짓말'이라고 단정해 버린다. 하지만 진짜 끌어당김은 단순한 자기암시가 아니다. 스스로를 납득시킬 수 있을 만큼의 행동이 반드시 뒤따라야 한다. 나는 강의를 간절히 원한 적은 없지만, 이미 여러 번 강의를 해왔기에 '언젠가 어떤 플랫폼에서든 강의할 수 있다'는 자신감을 가지고 있었다. 내가 걸어온 길과 내 실력을 내가 가장 잘 알기 때문이다. 결국 끌어당김은 삶을 속이는 게 아니라 나 자신을 설득하고 믿게 하는 과정이었다.

좋은 기회는 사람을 통해 오기도 한다. 내가 운영하는 자기계발 커뮤니티에서 함께하던 운영진 한 분이 평소 만나고 싶던 유튜버이자 멘토에게 연락을 했고, 그가 새로운 온라인 플랫폼을 창업했다는 사실을 알게 되었다. 놀랍게도 그 자리에 나까지 연결해주었다. 작은 메일 한 통이 새로운 만남과 기회를 열어준 것이다. 덕분에 다시 한번 확신했다. 믿을 만한 사람들과는 자신의 꿈과 관심사를 나누어야 한다는 것을. 그것이 또 다른 연결과 기회로 이어지기 때문이다.

지금 나는 부동산 크리에이터로 내 집 마련 컨설팅을 하고, 자기계발 커뮤니티도 운영하고 있다. 그리고 작가가 된 지금, 내 다음 목표는 유튜버다. 단순히 콘텐츠를 만드는 것을 넘어 사람들의 이야기를 기록하고 나누는 채널을 만들고 싶다. 내가 책을 좋아하는 이유도 결국 '사람에 대한 관심과 호기심'에서 비롯된다는 걸 깨달았기 때문이다. 그래서 언젠가 좋아하는 작가와 인사이트를 가진 인물을 초대해 북클럽이나 인터뷰를 진행하는 유튜브 채널을 열고 싶다.

그 기회도 생각보다 빨리 다가왔다. 커뮤니티의 한 회원이 책을 출간하며 홍보를 요청했고, 운영진 중 한 분이 인터뷰 형식의 줌 미팅을 제안해주었다. 원고 마감으로 바빠 처음엔 고사했지만 곧 생각을 바꿨다. '이건 내 다음 목표와 맞닿은 기회다. 지금은 힘들지만, 오히려 글쓰기에 도움이 될 수도 있다.' 그렇게 마음을 열자 문은 열렸다.

돌아보면, 이 모든 순간마다 내게 떠오른 한 문장이 있다.

"삶은 언제나 나에게 더 좋은 것을 주려 한다."

목표 날짜를 정하면 때로는 더 빨리 이루어지기도 하고 때로는 늦게 이루어지기도 한다. 그러나 결국에는 늘 더 좋은 방향으로 나아가게 해준다. 어둠 속에서 눈뜨기조차 싫었던 아침들도 있었지만, 지금은 내가 원하는 일을 하며 원하는 곳으로 향할 수 있다는 믿음이 내 안을 가득 채운다. 풀리지 않은 숙제가 여전히 있지만, 그 모든 걸 한 번에 해결하려 애쓰기보다 오늘 내가 할 수 있는 일에 집중하고 있다. 매듭을 하나씩 풀어가다 보면 짐이 가벼워지거나, 아니면 그 짐을 기꺼이 안고 갈 수 있는 단단한 그릇이 되어 있을 것이다.

# '레버리지'를 처음 알려준 내 인생의 멘토

$

좋은 인연은 언제나 내가 성장할 준비가 되었을 때 찾아온다.

내 인생의 첫 번째 멘토이자, 지금도 인생의 방향을 자문하는 분이 있다. 회사에서 처음 만난 팀장님이었고, 내게 '레버리지'라는 단어를 처음 알려주신 분이기도 했다.

그때 나는 스물일곱 살, 처음으로 내 집을 마련하기 위해 전전긍긍하던 시절이었다. 은행원으로서 숫자에는 익숙했지만, '부채'라는 단어 앞에서는 누구보다 보수적이었다. 대부분의 선배들도 그랬다.

"빚은 되도록 만들지 마."

"무리하면 안 돼."

그 말들은 늘 옳은 말처럼 들렸다. 하지만 그 팀장님은 내게 전혀 다른 시각을 보여주셨다.

"보은 씨, 부채는 나쁜 게 아니에요. 그건 '도구'예요. 잘 쓰면 레버리지가 되고, 그게 자산을 만드는 시작이죠."

그 말씀이 내 인생의 프레임을 완전히 바꿨다.

그날 이후 나는 '빚을 두려워하는 사람'에서 '레버리지를 이용하는 사람'으로 바뀌었다. 그리고 그 변화가 내 인생의 첫 투자로 이어졌다.

팀장님은 늘 공부하셨다. 어느 날 그가 공부를 시작한 이유를 들었는데, 그 이야기를 나는 지금도 잊지 못한다.

"40대 초반에 본부에서 지점으로 나왔을 때였어요. 1층은 은행이었고, 2층에는 증권사가 있었죠. 그런데 고객들이 은행에서 돈을 찾아 2층으로 올라가는 걸 자주 봤어요. 그때 깨달았어요. '나도 알아야겠다. 고객이 왜 거기로 가는지를.'"

그 말은 단순한 직업적 호기심이 아니었다. '고객에게 진짜 필요한 사람이 되려면, 고객보다 더 깊이 알아야 한다'는 철학이었다.

그날 이후 팀장님은 증권사 PB 못지않게 시장을 분석하셨다. 애널리스트 수준의 보고서를 직접 정리하고, 주식과 부동산의 흐름을 매일 공부하셨다. 아침 5시에 일어나 미국 시장의 이슈를 확인하고, 신문을 꼼꼼히 읽은 뒤 고객 포트폴리오를 점검하셨다. 그 습관은 수년이 지나도 변하지 않으셨다.

그의 책상은 언제나 빽빽한 메모로 가득했다. '오늘의 시장 키워드', '환율 방향성', '고객 A 포트폴리오 조정'……. 그 모든 기록은 노력의 흔적이자, 한 사람의 진심이었다. 그리고 그 진심은 고객들에게 고스란히 에너지로 전해졌다.

지점을 옮겨도 고객들은 늘 그를 따라갔다. 단순히 팀장님의 실력 때문이 아니었다. '이 사람은 진짜다'라는 믿음을 주는, 진심의 파동이었다. 그는 자산관리뿐 아니라 삶의 태도에서도 내 멘토였다.

"자산을 관리하기 전에 사람을 관리하세요. 돈은 사람을 따라오고, 사람은 신뢰를 따라오니까요."

10년이 지난 지금 돌아보면, 그의 말은 하나도 틀리지 않았다. 부동산 투자에 대한 조언도, 자산 배분의 원칙도, 삶을 대하는 철학도 모두 변하지 않는 진리였다.

어느 날 팀장님이 이런 말씀을 하셨다.

"보은 씨, 가끔은 멋진 호텔 카페에 가서 비싼 커피를 마셔요. 그게 사치가 아니에요. 부의 기운을 느끼는 연습이에요."

그 말이 오래도록 내 마음에 남았다. 그때는 단순히 좋은 조언 정도로 들렸지만, 이제는 그 말의 진짜 의미를 안다. 그건 '돈을 쓰는 법'이 아니라, '에너지를 다루는 법'이었다. 자신이 머무는 에너지를 높여야 그 에너지에 맞는 현실이 온다는 뜻이었다.

내가 부의 공간에서 흐르는 공기와 분위기를 직접 느끼며, 그 안에 머무는 사람들의 태도와 기운을 관찰하길 바랐던 것이다.

팀장님은 늘 배우는 것을 멈추지 않으셨고, 책을 읽고, 강의를 듣고, 세상과 스스로를 업데이트했다. 그래서인지 퇴직 후에도 불안함이 없으셨다. 은행에서는 임금피크제를 통해 정년을 연장할 수 있었지만, 그는 그러지 않았다.

"이제는 여행하고 싶어요. 더 나이 들기 전에."

그 말엔 자신감과 여유가 있었다. 그건 삶의 방향을 설계할 줄 아는 사람만의 자신감이었다.

팀장님이 일찍 퇴직하신 이유 중 하나가, "내가 일하지 않아도 내 자산이 일하고 있으니까"였던 것도 기억난다. 그건 단순한 재테크의 결과가 아니라, 수십 년간 쌓아온 '공부의 복리'였다. 지식이 쌓이고, 신뢰가 쌓이고, 그것이 결국 '자유'가 된 삶이었다.

나는 가끔 생각한다. '혹시 내가 회사를 조기 퇴직할 용기를 냈던 것도 그의 영향이었을까?' 하고 말이다. 그가 보여준 '자유로운 삶의 그림'이 내 안에 남아 있었던 건 아닐까?

팀장님은 내게 있어 단순한 부동산 멘토가 아니었다. 삶의 균형을 잃지 않으면서도 경제적 자유를 향해 가는, 진짜 의미의 '부자'였다. 팀장님의 자녀들도 각자 원하는 일을 하며 잘살고 있고, 자신의 삶을 사랑하며 살아가는 팀장님의 여유 있는 모습은 지금도 내게 가장 큰 영감이다.

어느 날 팀장님께서 세상에 존재하는 '기'에 대해 말씀하신 적이 있다. 그때는 무슨 말인지 깨닫지 못했고 '왜 이렇게 도인 같은 말씀을 하실까?' 생각했지만, 팀장님은 이미 알고 계셨던 거다. 세상의 흐름을 움직이는 건 '에너지'라는 것을. 좋은 파동으로 세상을 대하면, 좋은 인연이 그 파동에 맞춰 다가온다는 것을.

나는 지금도 팀장님을 떠올리면 마음이 단단해진다. 투자 결정을 앞두고 조언을 구할 때마다 그의 목소리는 늘 같다.

"보은 씨, 겁내지 말고 공부하세요. 지식이 쌓이면 마음이 흔들리지 않아요."

그 말은 여전히 나를 움직이게 한다. 공부의 복리가 인생의 복리가 된다는 믿음, 그리고 그 믿음 위에서 만들어진 나의 삶. 그는 지금도 나의 '투자 멘토'이자 '삶의 멘토'이다.

우리는 서로의 근황을 나누며 여전히 연결되어 있다. 세월이 흘러도 끊어지지 않는 인연, 그건 단순한 관계가 아니라 에너지의 공명이다.

나는 이제 확신한다. 좋은 사람은 끌어당겨지는 게 아니라, 내가 그 사람과 같은 파동으로 진동할 때 비로소 만날 수 있다는 것을.

'부의 기운을 느끼는 연습'은 지금도 여전히 내 일상 속에 있다. 가끔 한강이 보이는 멋진 호텔 카페에 가서 커피를 마시며 나의 멘토를 떠올린다. 그리고 조용히 감사한다. 그가 내 삶에 들어와주어서, '부채'를 두려워하던 은행원에서 '레버리지를 이해하는 투자자'로, 그리고 '좋은 에너지의 파동을 믿는 사람'으로 나를 바꿔주셨다는 사실에.

# 열정,
# 사람을 끌어당기는 가장 강력한 에너지

$

내게 열정을 불러일으킨 영감의 원천 중 한 분은, 금융연수원에서 처음 만난 부동산 교수님이었다. 처음 그분을 뵈었을 때만 해도 '처음부터 교수의 길을 걸어오신 분이겠지'라고 생각했다. 하지만 강의 중에 들려주신 이야기는 내 예상과 전혀 달랐다.

그분은 원래 평범한 직장인이었다고 했다. 그러다 집안 사정이 어려워지면서 "이대로는 안 되겠다"는 절박한 마음으로 경매 공부를 시작하셨다고 한다. 그 시절엔 '부동산 경매'라는 단어조차 생소할 때였다.

그분은 직장생활 틈틈이 공부하고, 주말마다 현장을 누비며 경험을 쌓았다. 그리고 그 경험을 카페에 기록하기 시작했는데,

반응이 폭발적이었다. 그 글을 본 사람들이 "직접 만나고 싶다"며 오프라인 모임을 열었고, 그 모임이 결국 교수님의 첫 강의가 되었다. 그날 이후, 인생이 완전히 바뀌었다고 했다.

강의를 듣던 사람들 중 한 명이 우연히 대학 관계자였는데, 그가 "이 분야를 계속 공부해보라"며 대학원을 추천했다고 한다. 그렇게 대학원에 진학해 공부를 이어가던 중, 지도교수가 그의 열정과 실무 경험을 높이 평가하며 강단에 설 기회를 주었다. 그때부터 그는 본격적으로 교수의 길을 걷기 시작했다.

지금 그분은 이름만 들어도 알 만한 대학의 부동산학과 교수님이 되셨다. 신문이나 방송에서 시장 전망을 다룰 때 기자들이 가장 먼저 인터뷰를 요청하는 전문가, TV 경제 프로그램에서도 종종 만나볼 수 있는 분이다.

하지만 내가 그분을 진심으로 존경하게 된 이유는 그런 화려한 이력이나 명성 때문이 아니었다.

한여름 어느 무더운 날, 교수님은 학생들과 함께 현장 임장 수업을 나가셨다. 밖에서는 목소리가 잘 들리지 않자, 확성기를 들고 직접 지역 설명을 이어가셨다. 교수님은 "확성기 들고 말하니까 좀 부끄럽네요"라며 웃으셨지만, 그 모습이 정말 인상적이었다.

뜨거운 햇살 아래 확성기를 든 교수님, 그 앞에서 땀을 흘리며 필기하던 학생들. 그 장면은 지금도 내 기억 속에 선명하다.

그분은 '지식을 전달하는 사람'을 넘어서 현장의 공기까지 함께 가르쳐주신 분이었다.

며칠 뒤 TV 경제 프로그램을 보는데, 그날의 교수님이 정장 차림으로 출연해 부동산 시장을 분석하고 계셨다. 순간 웃음이 났다.

"이렇게 열정적인 분이 방송에서도 전문가셨구나."

내 웃음 속에는 묘한 존경심이 함께 스며 있었다.

그분의 강의는 단 한순간도 지루하지 않았다. 실무 경험에서 나온 생생한 이야기, 학생들과 눈을 맞추며 던지는 날카로운 질문들, 그리고 "아무리 찍어줘도 안 산다"라는 명대사까지.

어느 날 누군가 물었다.

"교수님은 굳이 교수가 아니어도 투자자로 충분히 성공하셨을 텐데, 왜 교수직을 선택하셨나요?"

그분은 웃으며 대답하셨다.

"저는 가르치는 게 천직이에요. 사람 앞에 서면 제 안의 에너지가 확 올라와요."

나는 놀랐다. 평소엔 조용하고 차분하셨는데, 강의만 시작하면 완전히 다른 사람이 되셨다. 교실 밖에서도 그분의 목소리가 들릴 정도였다. 다른 반 학생들이 "아, 교수님 오셨다!" 하고 알아챌 만큼.

그분의 열정은 마치 불꽃 같았다. 스스로를 태우면서도 주위를 따뜻하게 비추는, 그런 에너지가 있는 분이었다. 그분이 내게 준 가장 큰 깨달음은 이것이다.

'열정은 사람을 끌어당기는 가장 강력한 에너지다.'

그분은 스스로를 위해 공부했고, 그 공부가 타인을 돕는 힘이 되었다. 대학 관계자가, 언론이, 학생들이, 그리고 나 같은 제자들이 그분의 에너지에 끌려 하나둘 모이기 시작했다. 그건 우연이 아니라, 자신의 일을 진심으로 사랑한 사람이 만들어낸 '파동의 법칙'이었다.

나는 그 교수님을 보며 배웠다. 열정이란 결국 '사랑의 다른 이름'이라는 것. 자신의 일을 사랑할 때, 그 사랑이 사람을 움직인다. 교수님은 지식보다 열정으로 사람을 움직이는 분이었다.

그 후로 나 역시 '내가 사랑하는 일'을 진심으로 대하는 사람이 되기로 결심했다. 그게 강의든, 글쓰기든, 상담이든 그 열정과 진심을 상대는 느낄 수 있고, 강의 및 컨설팅 후기에도 오롯이 남겨진다. 내 진심과 마음을 상대는 모두 느낀다. 그 사람들과의 연결이 다시 내 삶을 성장시켰다. 나도 교수님처럼 언젠가는 누군가에게 "당신의 열정이 내 삶을 바꿨다"는 말을 들을 수 있기를 바란다. 그분의 에너지는 여전히 내 안에 살아있고, 그 불씨가 지금의 나를 움직이게 한다.

열정은 목소리의 크기가 아니라 마음의 진동에서 시작된다. 자신이 사랑하는 일을 진심으로 대하는 사람에게 세상은 반드시 그와 같은 파동의 사람들을 보내준다. 결국 인연은 운명이 아니라, 내가 지금 어떤 에너지로 세상을 대하느냐의 결과다.


## 고흐, 그가 내게 남긴 것

내가 사랑하는 예술가가 있다. 바로 고흐다. 그의 그림을 보고 있으면, 마치 그가 자신의 영혼을 캔버스 위에 남긴 듯한 느낌이 든다. 그가 살았던 시간은 짧았지만, 그 안에서 만들어낸 작품의 수와 밀도는 가히 경이롭다.

　고흐는 불과 10여 년의 기간 동안 약 2,100여 점의 작품을 남겼다고 한다. 그중 유화만 약 860점. 숫자만 놓고 봐도 "단기간의 폭발적인 창조력"이었다. 늦은 나이에 그림을 시작했음에도, 생애 마지막 2년 동안 가장 많은 작품을 남겼다는 사실은 그의 내면에서 얼마나 강렬한 불이 타오르고 있었는지를 보여준다. 다른 위대한 화가들과 비교해봐도 그 규모는 압도적이다.

　수십 년에 걸쳐 수백 점을 남긴 작가도 있지만, 고흐는 단 10년 만에 그들을 넘어섰다. 그가 "살아생전에 내 그림이 사랑받기를" 간절히 원했던 것도, 그 수많은 작품을 남긴 것도 모두 불같은 '열정'이 증폭된 결과였을 것이다.

　그럼에도 그의 삶은 고통이었다. 그는 사랑받지 못한 화가였고, 세상은 그의 열정을 온전히 이해하지 못했다. 하지만 그 곁에는 한 사람이 있었다. 그의 동생 테오였다.

테오는 고흐의 그림을 믿었고, 형을 사랑했고, 형의 예술에 자신의 삶을 기꺼이 걸었다. 그 어떤 형제가 형의 작품을 이해하고, 그 형을 위해 경제적·정신적 지원을 이어갈 수 있을까. 그건 단순한 우애가 아니라, '사랑'이었고 '신뢰'였고 '에너지의 공유'였다.

테오의 배우자 역시 고흐의 그림을 알리기 위해 묵묵히 공부했고, 고흐의 조카 역시 고흐의 사랑을 기억하며 네덜란드에 작품을 기증했다. 이 모든 것은 단지 예술가 개인의 이야기를 넘어서 "사람과 사람이 공유하는 사랑의 에너지"라고 나는 본다.

고흐의 그림 뒤에는 위대한 사랑이 있었고, 그 사랑이 그림에 담긴 에너지로 이어졌다. 그 에너지는 세월을 거슬러 지금 우리의 눈앞에서 빛난다. 그가 캔버스에 붓을 댈 때마다 그 안에 담긴 열정과 사랑이 파동처럼 퍼졌다.

그가 바랐던 "사람들에게 내 그림이 사랑받기를"이라는 소망은 안타깝지만 그가 죽은 후에 이루어졌다. 그가 살아있을 때 받지 못했던 인정과 사랑을, 지금 우리는 그의 작품을 통해 건네고 있다. 그가 세상에 전하고자 했던 진심을, 우리는 그의 그림 앞에서 마음으로 되돌려주고 있는 것이다.

고흐의 이야기는 내게 하나의 메시지로 남았다. '진심으로 사랑하는 어떤 것'이 있다면, 그것을 향한 나의 에너지는 반드시 누군가를 끌어당기고, 그 누군가는 나에게 돌아온다.

고흐는 그림을 사랑했고, 그 사랑이 곧 그림이 되었다. 그리고 그 그림은 오늘의 우리에게 영감으로 남았다. 내가 글을 쓰고, 사람들과 연결을 만들고자 하는 이유도 같다.

"자기 안의 열정을 믿고, 흔들림 없이 나아가라."

그것이 나에게 전력이 되었다.

내가 쓰는 글이, 내가 만드는 강연이, 내가 시작하는 컨설팅이 단지 정보 전달이 아니라, '내가 사랑하는 것'으로부터 나온 에너지라는 것을 기억하고 싶다. 그 사랑이 나를 움직이고, 내가 던진 파동은 다시 내게 좋은 인연으로 돌아올 것이다.

고흐의 그림 앞에 섰을 때 그가 느꼈던 고통과 사랑, 그의 동생이 가졌던 믿음과 헌신, 그들의 관계가 만들어낸 고유한 에너지는 내가 앞으로 살아갈 길에도 큰 빛이 된다.

"당신이 진심으로 사랑하는 일을 향해, 당신만의 에너지를 던져라. 그리고 믿으라. 그 에너지가 당신을 필요로 하는 누군가에게는 빛이 되리라."

고흐에 비할 수 없지만, 누군가에게 내 글이 전달되고 그 에너지가 그의 마음속에서 빛이 되길 간절히 바란다.

# 누군가의 행복을 빌 때 일어나는 기적

$

어릴 적 내 기억 속의 친오빠는 참 착한 사람이었다. 나와 달리 말수가 적었고, 운동신경도 좋아 친구들과도 잘 지냈다. 말썽을 부리지 않고 조용히 지내던 오빠는 부모님께도 늘 속 편한 아들이었다. 그러나 중학교에 들어가면서부터 달라졌다. 원래도 적었던 말이 거의 사라졌고, 집에 오면 말없이 방으로 들어가 문을 닫곤 했다. 그때 엄마는 내게 오빠의 속마음을 좀 알아봐 달라고 부탁하셨지만, 어린 나는 그 부탁이 귀찮았다. '사춘기니까 그렇겠지' 하고 대수롭지 않게 넘겨버렸다.

그렇다고 오빠가 어떤 문제를 일으킨 건 아니었다. 집에서도, 학교에서도 평범한 학생이었다. 오히려 내가 동생답지 않게 욕심을 부리며 오빠를 놀리고 괴롭히는 일이 잦았는데, 오빠는 단한 번도 큰소리 내지 않고 묵묵히 받아주었다. 그런 순한 오빠가 언제부터 무너졌는지, 그 시작점을 나는 알지 못한다.

결혼 후 평범한 가정을 꾸린 듯 보였던 오빠는 대학생 때『부자 아빠 가난한 아빠』를 읽으며 부자가 되길 꿈꾸기도 했다. 나도 그 책에서 영감을 받아 로버트 기요사키의 내한 강연을 찾아갈 정도로 깊이 빠져들었다. 그러나 오빠는 투자 대신 한탕주의에 매달렸고, 결국 온 가족을 고통 속으로 몰아넣었다. 아직도 오빠를 완전히 용서했다고 말할 수는 없다. 하지만 나는 지금도 그가 정상적인 삶으로 돌아오기를 기도한다. "죄는 미워하되 사람은 미워하지 말라"는 말처럼 오빠의 잘못은 미워도 사람 자체를 미워할 수 없기 때문이다. 부모님께 늦은 밤 전화가 걸려 오면 여전히 가슴이 철렁 내려앉는 이유도, 오빠에게 또 무슨 일이 일어난 건 아닐까 하는 두려움 때문이다.

그럼에도 불구하고, 나는 한번 새로운 시도를 해보았다. 나 자신을 위한 시각화만이 아니라 타인을 위한 시각화도 가능할지 궁금했다. 그래서 눈을 감고 오빠가 평범한 일상을 되찾아 웃으며 살아가는 모습을 그려봤다. 가족과 함께 밥을 먹고, 직장에서 땀 흘려 일하고, 저녁이면 편히 쉬는 장면을 떠올렸다. 그 모습을 바라보는 내 마음은 따뜻해졌고, 나 자신도 큰 위안을 받았다.

그로부터 며칠 후 놀라운 일이 일어났다. 오빠에게서 전화가 온 것이다. 그동안 빌린 돈을 조금씩이라도 갚아가겠다고 했다. 단순히 돈을 받게 되어 기뻤던 것은 아니다. "다시 제자리로 돌아가겠다"는 그 목소리에서 나는 간절히 바라던 희망의 빛을 보았다. 그 순간 나는 '시각화는 나만을 위한 도구가 아님'을 확신했다. 누군가의 행복을 진심으로 바라며 그려볼 때, 그 마음의 파동은 분명히 전달된다는 걸 알 수 있었다. 마치 고요한 연못에 던져진 돌멩이가 동심원을 그리며 번져가듯, 나의 상상 또한 오빠의 삶에 작은 파동을 만들어낸 것이다.

이 경험은 나에게 깊은 깨달음을 주었다. 관계 속 끌어당김은 결국 '내가 행복하길 바라는 마음'을 넘어 '당신도 행복하길 바라는 마음'으로 확장될 때, 가장 강력하게 작동한다는 사실이다. 나의 시각화가 나를 변화시켰듯, 타인을 위한 시각화는 상대와의 관계까지 변화시킬 수 있다는 것을 직접 체험한 것이다.

돌이켜 보면 이건 종교적 기도와도 닮아 있다. 누군가를 위해 간절히 바라고 기원할 때 일어나는 일은 시각화와 감사의 힘이 만들어낸 결과일 수 있다는 생각이 들었다. 어떤 사람은 그것을 신의 응답이라 부르고, 나는 그것을 '보이지 않지만 세상이 작동하는 힘'이라고 부른다. 간증하듯 열심히 내 경험을 기록하는 것도, 단 한 사람에게라도 이 생각이 와닿길 바라는 마음 때문이다.

그래서 나는 이 글을 읽는 독자에게 권하고 싶다. 지금 누군가를 걱정하고 있는가? 그렇다면 그저 두려움 속에 머무르지 말고, 그 사람이 건강하고 행복하게 살아가는 모습을 마음속에 그려보라. 그 상상은 단순한 공상이 아니다. 언젠가 현실이 되어 다가올 수 있는 기적의 씨앗이다.

# 부정적 인연이 보내는 우주의 시그널

$

은행에 다니면서 2~3년에 한 번씩 지점을 옮겨야 했다. 그래서 입사 초반부터 나는 늘 "은행 일은 힘들다", "이 일은 나와 맞지 않는다"고 입버릇처럼 말했다. 주변 동료들도 대부분 비슷했다.

"회사야 원래 힘든 거지."

"월급날만 기다리는 거야."

그 말들이 너무 자연스러워서 나 역시 "회사란 원래 참으며 다니는 곳"이라고 믿었다. 그런데 이상한 건, 지점을 옮길 때마다 꼭 '힘든 사람'이 있었다는 거다. 상사가 됐든, 동료가 됐든, 한 명쯤은 꼭 나를 힘들게 하는 사람이 있었다. 그때마다 나는 속으로 생각했다.

'왜 나는 이런 사람들을 자꾸 만나지?'

'왜 나만 유독 이런 환경에 배치되는 걸까?'

그건 내 문제가 아니라고 생각했다.

"저 사람은 원래 저런 사람이야."

"운이 없어서 그런 거야."

그렇게 스스로를 위로하며 하루하루를 버텼다.

그런데 퇴사를 결심했을 즈음, 나의 생각을 완전히 바꾸게 된 계기가 있었다. 퇴사 의사를 밝히고 동료 한 명과 이야기를 나누던 중, 그 동료가 내게 이렇게 말했다.

"나는 은행 일이 참 좋아. 사람 만나는 것도 좋고, 매일 배우는 것도 많고."

그 말에 나는 놀라서 물었다.

"진짜? 지점마다 그런 사람 있잖아. 유난히 까다롭고 힘든 사람."

그 동료는 잠시 생각하더니, "음, 글쎄? 난 딱히 그런 사람을 만난 적이 없는 것 같은데?"라고 말했다. 그 한마디에 머리를 세게 얻어맞은 것 같았다.

'그럴 수가 있나? 그런 사람을 한 번도 안 만났다고?'

그날 밤, 나는 오랫동안 생각에 잠겼다. 어쩌면 내가 힘든 사람들을 끌어당긴 건 아닐까.

"은행은 힘들다."

"나는 회사와 안 맞는다."

그런 생각을 매일같이 입으로 내뱉으며 그 주파수에 맞는 현실을 계속 만들어왔던 건 아닐까. 그렇게 보면, 내가 만난 부정적 인연들은 모두 내가 뿜어낸 에너지의 거울이었다. 나는 불만과 피로의 에너지를 내보냈고, 그 에너지는 비슷한 파동을 가진 사람을 내 앞에 세웠다.

퇴사 직전, 나는 내 인생에서 가장 버거운 인간관계를 경험했다. 누구나 한 번쯤 마주하는, 나를 시험하는 존재였다. 그 사람의 말과 행동은 내 자존감을 깊이 흔들었고, 나는 처음으로 '이대로는 안 되겠다'는 내면의 경고음을 들었다.

당시 나는 정신적으로도 많이 지쳤고 전문가의 도움을 받아야 할 만큼 무너져 있었다. 하지만 시간이 지나 돌아보니 그 만남은 나를 일으켜 세운 '전환점'이었다. 그 경험이 없었다면 나는 여전히 익숙한 안전지대에 머물렀을 것이다. 그 인연은 나를 깨웠고, 새로운 길로 나아가게 만든 촉발점이었다.

그 사람은 내 인생을 망치려 온 것이 아니라, 내가 바닥을 치고 다시 일어설 수 있도록 세상이 보낸 '경고장'이었는지도 모른다.

지금은 확신한다. 모든 인연은 내 에너지가 끌어당긴 결과이며, 그 안에는 언제나 배움이 숨어 있다고. 좋은 인연은 나의 파동을 확장시키고, 힘든 인연은 나의 파동을 정화시킨다. 힘든 인연을 만났다면, 그건 내가 그만큼 성장해야 할 시점이라는 뜻이다. 그 사람을 탓하기보다 '내 안의 어떤 에너지가 이런 관계를 만들었을까?'를 돌아보면, 그때부터 관계의 주도권이 내게 돌아온다.

그 이후로 나는 마음이 불편한 사람을 만나면 스스로 이렇게 되묻는다.

"이 사람을 통해 내가 배워야 할 건 무엇일까?"

"지금 내 안에 어떤 감정이 반응하고 있지?"

그 질문 하나로 관계는 달라졌다. 더 이상 상처를 주고받는 게임이 아니라, 내 안을 비추는 거울이 되었다.

그때부터는 이상하게도 나를 힘들게 하는 사람보다 나를 응원하고 도와주는 사람들이 점점 많아졌다. 내가 바뀌자, 인연이 바뀌었고 내가 내 에너지를 바꾸자, 보여주는 사람의 얼굴이 달라졌다.

부정적 인연도 결국은 '성장을 위한 인연'이다. 그들은 내게 상처를 주기 위해 온 것이 아니라, 내 안의 상처를 보게 해주기 위해 온 것이다. 내가 나를 더 깊이 이해하게 만들기 위해서. 모든 인연은 결국 나를 완성시키기 위한 퍼즐 조각이었다. 그걸 깨닫는 순간, 나는 과거의 상처에 감사할 수 있었다.

인연은 운이 아니라 에너지의 반영이다. 부정적 인연을 만났다면, 그것은 내 안의 그림자가 밖으로 드러난 것이다. 그 그림자를 마주 보고 정화할 때, 비로소 좋은 인연을 끌어당길 수 있다. 결국 모든 만남은 나를 성장시키기 위해 존재한다.

# 관계를 수평으로 바라본다는 것

$

아들러의 심리학 책을 읽으며 가장 크게 와닿았던 부분은 대인 관계에 대한 '수직적 관계'와 '수평적 관계'의 구분이었다. 그 책을 읽고 놀랍게도 나는 늘 수직적 관계 속에서 살아왔다는 걸 깨달았다.

은행이라는 조직 안에서 오랜 시간 지내다 보니, 나도 모르게 위아래가 분명한 관계의 세계에 익숙해져 있었다. 나보다 훌륭하거나 성공한 사람을 만나면 경외심부터 들었고, 스스로 그들과 나는 완전히 다른 세계의 사람이라고 경계를 지었다. '나는 그들과 달라.' 그렇게 스스로 거리를 두며, 내 가능성에도 벽을 세우고 있었던 것이다.

그런데 내 지인 중 한 명은 전혀 달랐다.

부자든, 사회적으로 성공한 사람이든, 그는 늘 사람들 앞에서 당당했다. 함께 있을 때 위축되지도, 과하게 나서지도 않았다. 그 모습을 보며 '왜 나는 저렇게 자연스럽게 대하지 못할까?' 하는 질문이 생겼다.

곰곰이 생각해보니, 나는 모든 관계를 위아래로 구분하며 살아왔던 것이다. 회사에서만이 아니라, 지인 관계에서도 '누가 더 낫고, 누가 더 부족한가'를 판단하는 잣대를 들이대며 말이다. 그건 결국 나의 오만함이었다. 누군가를 존경하면서도, 동시에 스스로를 낮춰버리는 방식의 오만.

한국 사회는 유독 수직적 관계를 쉽게 만든다. '님', '선배님', '대표님'이라는 말 속에 이미 위계가 깔려 있고, 존대와 겸손이라는 미덕이 때로는 진짜 나 자신을 숨기는 가면이 되기도 한다. 하지만 서양인들이 남녀노소 구분 없이 이름을 부르며 미소로 인사하듯, 우리도 서로를 수평적 관계로 인식하고, 대하는 연습이 필요하다.

회사 재직 시절의 나는 늘 딱딱했다. 상사 앞에서 곧잘 얼어붙었고, '잘 보여야 한다'는 생각에 나를 과하게 통제했다. 한번은 신입 시절 팀장님이었던 분이 본부장이 되셔서 오랜만에 뵌 적이 있었다. 그분이 나를 보며 "보은인 참 착하고 순종적이었지"라고 하셨다. 칭찬이었지만, 그 말이 이상하게 내 마음을 찔렸다. "순종적이었지"라는 말 뒤에 내가 얼마나 수직적 질서 속에서 순응하며 살아왔는가가 보였기 때문이다. 칭찬 뒤에 남은 씁쓸함은, 내 삶의 태도에 대한 자각이었다.

그 후로 나는 의식적으로 모든 관계를 수평적으로 대하려 노력한다. 성공한 사람을 만나도 '저 사람은 나와 완전히 다른 대단한 사람'이 아니라 '그 역시 나와 같은 꿈을 꾸고 노력한 사람'이라고 바라보려 했다. 그리고 그런 시선의 변화는 행동으로도 이어졌다.

좋아하는 작가가 신간을 내면 단순히 '좋아요'를 누르는 대신, 내 계정에서 그 책을 소개하며 응원했다. 출간회나 강연회에 갈 땐, 그들의 노고에 감사의 마음을 담아 작은 선물을 준비했다. 목이 쉬어 있는 유튜버에게는 목에 좋은 수제청을, 책을 좋아하는 작가에게는 내가 아끼는 책 한 권을 선물했다. 그들은 이미 물질적으로 풍요로운 사람들이지만, 진심 어린 응원과 마음이 담긴 관심은 누구에게나 특별하다. 그리고 내가 영감을 받고, 도움을 받은 내 롤모델에게는 나의 좋은 소식이 있을 때 덕분이라며 감사 인사와 안부를 전하곤 한다. 그분들께는 내 소식이 자랑으로 느껴지는 것이 아니라, 자신들 덕분에 성장한 내 모습을 뿌듯해할 것을 아니 주저하지 않는다. 유독 어른들에 대해 낯가리고 어려워하는 나를 알기에 정면 돌파를 택한 것도 있다.

"관계는 위아래가 아니라, 마음과 마음이 오가는 평면 위에서 피어난다."

이제 나는 사람을 만날 때 '내가 그 사람에게 무엇을 얻을까'가 아니라, '내가 그 사람에게 어떤 도움을 줄 수 있으며, 어떤 따뜻한 흔적을 남길 수 있을까'를 생각한다. 그 마음이 나를 단단하게 만들고, 관계를 더 깊게 이어준다.

## 내가 되고 싶은 '미래의 나' 그려보기

① 나는 어떤 사람처럼 살아가고 싶은가? (5년, 10년 후 내 모습 그려보기)

② 나의 롤모델은 누구이며, 그 사람에게서 배울 수 있는 삶의 태도는 무엇

인가?

③ 그 태도를 배우기 위해, 오늘부터 실천할 수 있는 행동 세 가지를 적어보자.

# PART 4

# 부자 엄마가 발견한
# 중요의 원칙들

# 부자들이 돈을 사랑하는 법

$

## 작은 돈을 철저히 지킨다

은행에서 16년간 근무하면서 수많은 부자들을 만났다. 자산관리를 하며 가까이에서 지켜본 부자들은 여러 유형으로 나눌 수 있다. 몇백억의 자산가임에도 베풀지 못하는 '스크루지형 부자', 성실한 노력 끝에 자수성가하여 인품과 여유를 겸비한 부자, 유연한 태도로 기회를 잡고 실속을 챙기는 부자, 검소함과 절약으로 알뜰하게 자산을 쌓은 '알짜형 부자'까지 다양하다. 그중 가장 존경받는 이들은 역시 자수성가 후 여유를 갖고 베풀 줄 아는 부자들이었다. 그들에게 공통적으로 보이는 특징은 '돈을 대하는 태도'였다.

모 지점에서 만난 VIP 고객 한 분은 인터넷 뱅킹으로 송금을 하다가 5천 원 남짓의 수수료가 부과되자 깜짝 놀라 급기야 직원을 지점으로 보내 알아보라고 하셨다. 국내 원화 거래라면 면제 대상이었지만, 외화 송금에는 해당되지 않는 건이었다. 급하게 처리해야 하는 송금 건이었지만 기분이 상하셨는지 회사 직원을 보내 알아보라고 하신 것이다. 지점에서 손꼽히는 예금 고객이었기 때문에 당황스럽기도 했지만, 속으로는 '이 정도 자산가가 이렇게까지 하실 필요가 있나?' 하는 생각이 들었다. 그러나 지점장님은 이렇게 말씀하셨다.

"그러니까 부자가 되는 거야. 이건 단순한 수수료 문제가 아니라 자존심과 원칙의 문제일 수도 있지."

그때는 그 말을 듣고도 고개를 갸우뚱했지만, 시간이 흐른 뒤 깨달았다. 그 고객은 단순히 작은 돈을 아낀 것이 아니라 돈을 허투루 쓰지 않는 태도로, 마치 돈을 소중한 가족이나 친구처럼 대하며 단돈 천 원이라도 정당하지 않은 지출은 하지 않겠다는 신념이 있었던 것이다.

또 다른 고객은 사무실을 이전할 때 무거운 장비만 이사업체에 맡기고, 나머지 사무용품은 직원들과 직접 나르기도 했다. 땀흘리며 직접 짐을 옮기는 모습이 의아했지만, 그 역시 불필요한 비용을 아끼겠다는 철저한 태도의 발현이었다.

처음에는 "몇백억 자산가라면 그렇게까지 안 해도 되지 않을까?" 싶었지만, 바로 그 태도야말로 그들을 부자로 만든 힘이었다. 돈은 단순히 아껴야 할 대상이 아니다. 사랑하고, 존중하며, 올바르게 다루어야 하는 존재다. 우리가 가진 돈을 대하는 태도가 결국 우리의 재정 상태를 결정한다.

지금 이 순간, 내 안에 자리한 '돈에 대한 태도'를 점검해보자. 혹시 여전히 부정적인 시선으로 돈을 바라보고 있지는 않은가? 그렇다면 이제는 그 시선을 거두고, 돈을 사랑하고 훌륭히 다루는 부자들의 태도를 내 안에 새겨보자. 돈을 열망하는 만큼 그 돈을 소중히 대할 줄 아는 마음가짐이 우리를 더 큰 풍요로 이끌어줄 것이다.


## 기록의 대가들

은행에서는 매년 연말이 되면 새해 달력을 준비한다. 그리고 VIP 고객들을 위해 이름이 새겨진 작은 수첩을 선물하곤 했다. 요즘은 제작이 많이 줄었고 아예 만들지 않는 은행도 있지만, 한때는 이 수첩이 VIP 고객들에게 상징적인 선물이었다.

VIP실에 들르시는 중년의 고객분들은 어김없이 안주머니에서 그 수첩을 꺼내셨다. 거기에는 당행뿐 아니라 타행의 예금

만기일, 주요 일정, 꼭 챙겨야 할 일들이 빼곡히 적혀 있었다. 어떤 고객은 우리 은행에서 더 이상 수첩을 주지 않는다는 이유로 예금 일부를 타행으로 옮기고, 그 은행에서 수첩을 받기도 했다. 그만큼 '기록'이 그분들에게는 중요한 자산관리의 도구였던 것이다. 50~60대 고객님들은 여전히 손으로 쓰는 기록을 더 편하게 느낀다. 하지만 단순한 편리함을 넘어, 손글씨로 적는 행위에는 특별한 힘이 있다고 생각한다. 휴대폰 메모장에 남기는 것과 수첩에 직접 손으로 적어 내려간 기록은 그 무게감이 다르다.

사실 이 습관은 우리 VIP 고객들만의 것이 아니다. 리처드 브랜슨(버진그룹 창업자), 셰릴 샌드버그(페이스북 COO), 아리스토텔레스 오나시스(그리스 선박 재벌) 등 세계적으로 성공한 사람들 역시 늘 수첩을 곁에 두고 아이디어, 목표, 행동 계획을 적어왔다. 작은 수첩은 그들의 머릿속 잡동사니를 정리하고, 순간 떠오르는 생각을 실천으로 이어주는 '휴대용 정리 도구'였다.

수첩이 낯설게 느껴진다면, 휴대폰 메모장이나 구글킵을 활용해도 좋다. 중요한 건 기록 자체다. 그리고 한 달에 한 번은 이 기록들을 꺼내 정리해보자. 필요 없는 건 과감히 지우고, 남겨야 할 아이디어는 실행으로 옮기면 된다.

나 역시 기록의 힘을 체감하고 있다. 2022년부터 다이어리를 본격적으로 쓰기 시작했는데, 그전까지는 늘 앞에 몇 장만 채우고 흐지부지 끝나는 경우가 많았다. 그런데 그해 처음으로 12월까지 다이어리를 완주했다. 이후로 지금까지 매일의 목표와 타임 테이블을 꾸준히 기록하고 있다. 물론 적은 대로 모두 실현되는 것은 아니지만 확실히 기록한 날과 기록하지 않은 날은 차이가 크다. 기록한 날은 집중도가 높아지고 하루가 훨씬 효율적으로 흘러간다.

돈을 지키는 태도만큼이나 시간을 지키는 태도도 중요하다. 그리고 그 출발은 작은 수첩 한 권 혹은 한 줄의 기록에서 시작된다.


## 좋은 물건을 오래 사용한다

내가 VIP 고객들을 가까이서 지켜보며 놀랐던 점 중 하나는, 명품을 과시적으로 소비하는 분들보다 좋은 물건을 오래도록 아끼며 사용하는 부자가 훨씬 많았다는 것이다.

어느 고객님은 10년 넘게 같은 서류 가방을 들고 다니셨다. 겉으로 보면 낡아 보일 수도 있었지만, 가죽을 잘 관리하며 쓰다 보니 오히려 세월의 흔적이 멋스러워 보였다. 그 가방은 단순한 소지품이 아니라 고객님의 성실과 인내를 보여주는 상징이었다. 또 다른 대표님은 사무실 책상을 무려 20년 가까이 쓰셨는데, 여전히 단단해서 새로 바꿀 생각을 하지 않으셨다. 그분이 하신 말씀이 인상 깊었다.

"괜찮은 물건을 사서 오래 쓰는 게 가장 큰 절약이야."

이 말에서 나는 중요한 교훈을 얻었다. 부자들에게 소비란, 순간의 욕망을 채우는 행위가 아니라 오랫동안 가치를 지켜내는 태도였다. 겉모습을 꾸미는 과시가 아니라 그들에게는 본질을 지키는 삶의 철학이 배어 있었다.

또 하나, 내가 만난 성공한 VIP 고객들의 공통점은 시간을 돈처럼 다룬다는 것이었다. 한 대표님은 회의 시간에 단 1분이라도 늦는 것을 굉장히 싫어하셨다. 본인 스스로도 절대 늦지 않았고, 상대방이 늦는 것도 용납하지 않으셨다.

"내 1분이 모여 하루가 되고, 그 하루가 내 사업의 성과를 좌우한다."

그분은 늘 이렇게 말씀하셨다. 은행 창구에 오실 때도 마찬가지였다. 언제나 필요한 서류를 미리 완벽하게 준비해오셨다. 불필요한 대기 시간을 줄이고, 빠진 서류 때문에 다시 방문하는 일을 만들지 않으려는 철저한 태도였다. 그 모습에서 돈을 아끼듯 시간을 아끼는 태도가 결국 그들의 부를 지탱하는 힘이라는 것을 알 수 있었다.

성공한 사람들은 단순히 돈을 불리는 능력보다 돈과 시간이라는 두 자산을 대하는 태도에서 이미 남들과 달랐다.

## 배움에 투자한다

의외로 부자들 중에는 늘 배움에 열려 있는 사람이 많다. 나는 은행에서 수많은 고객을 만나며 그 사실을 수없이 확인했다. 어떤 이는 돈을 벌기 위해 투자하고, 어떤 이는 돈을 지키기 위해 공부했다. 그런데 진짜 부자들은 그 두 가지를 넘어, 자기 자신에게 투자했다.

한 중소기업 대표님은 매년 일정 금액을 반드시 자기계발에 쓴다고 했다. 그는 "배움은 사치가 아니라 생존"이라고 말했다. 매년 해외 박람회나 전시회를 빠짐없이 다니며 새로운 흐름을 읽고, 최신 트렌드를 배우기 위해 책과 강연에도 시간과 돈을 아끼지 않았다. 그의 가방 속에는 늘 노트 한 권이 있었고, 출장 중에도 강연 영상을 들으며 아이디어를 메모하는 습관이 몸에 배어 있었다.

나 역시 VIP실 근무 시절, 그런 분들을 자주 만났다. 또한 투자 스터디에서 만난 동료들도 마찬가지였다. 그들은 단순히 돈을 더 벌기 위해서가 아니라, '돈이 흘러가는 방향'을 배우기 위해 자리에 앉았다.

그들의 공통점은 명확했다. 배움을 멈추지 않는 태도. 그것이 그들을 단단한 부자로 지켜주는 보이지 않는 힘이었다.

워런 버핏 또한 같은 이야기를 했다.

"가장 좋은 투자는 바로 자기 자신에게 하는 투자다"라고 말하며, 독서를 그의 가장 중요한 일과로 삼아왔다. 그는 "나는 하루 종일 읽는다"고 말한 적이 있으며, 젊은 시절에는 하루 500페이지를 읽기도 했다고 회상한다. 버핏은 지식이 "복리처럼 쌓인다"고 강조하며, 배움이 장기적으로 삶의 방향을 결정하는 가장 확실한 투자라고 말해왔다.

나는 이 말을 마음속 깊이 새겨두었다.

부자들은 돈을 쌓는 것이 아니라, 자신의 그릇을 키운다. 그릇이 커지면 돈은 자연스럽게 따라온다. 그래서 그들은 책을 읽고, 멘토를 만나고, 강연을 듣는다. 지식을 쌓는 것을 즐기며, 배움을 '비용'이 아닌 '수익'으로 여긴다. 반면, 아직 부의 길을 걷지 못한 사람들은 종종 이렇게 말한다.

"시간이 없어서 공부를 못 한다."

"지금 당장은 돈이 없으니 나중에 여유가 생기면 배우겠다."

그러나 부자들은 그 반대다.

"배우지 않으면 시간이 더 걸린다."

"지금이 아니면 영원히 못 배운다."

그들은 배움을 미루지 않는다. 부자들이 돈을 사랑하는 방식은 돈을 통해 자신을 성장시키는 것이다. 그들에게 돈은 단순한 목적이 아니라, 더 깊이 배우고 경험하기 위한 통로이자 수단이다. 그들은 돈을 쓸 때도 '소비'가 아닌 '투자'로 바라본다. 책 한 권, 한 번의 강연, 한 사람의 멘토를 만나는 경험 속에서도 미래의 가능성을 본다.

나는 그런 사람들을 가까이서 보며 확실히 깨달았다. 배움은 부의 근육이고, 그 근육이 단단할수록 위기가 와도 무너지지 않는다. 주식, 부동산은 외부 환경에 크게 영향을 받지만, 나 자신은 그렇지 않다. 아무도 당신의 배움을 빼앗을 수 없기 때문이다. 그래서 나는 오늘도 나에게 묻는다.

"지금 내가 투자해야 할 것은 무엇인가?"

그 답은 언제나 같다.

'나 자신.'

돈은 배움을 따라오고, 배움은 결국 나를 더 큰 풍요로 이끈다. 부자들은 돈을 사랑하기에, 그 돈으로 자신을 성장시키는 법을 안다. 그리고 그것이야말로 진짜 부자들이 가진 가장 강력한 습관이다.

# 두 아들에게 물려주고 싶은 '부의 원리'

$

"너희들은 부동산 투자 조기교육을 받고 있는 거야."

아이들과 보드게임을 할 때 내가 종종 하는 말이다. 사실 교육을 시키겠다고 마음먹은 적은 없다. 다만 남편과 내가 부동산과 투자 이야기를 많이 하다 보니 아이들이 자연스레 귀동냥을 하게 된 것이다. 특히 둘째는 초등학생인데도 부동산 투자 관련 보드게임을 무척 좋아한다. 흔히 아는 부루마블을 넘어 경매를 경험할 수 있는 모노폴리, 로버트 기요사키가 만든 캐시플로우까지 모두 즐긴다. 아이가 땅을 사고 돈을 벌 때 눈을 반짝이며 기뻐하는 모습을 보면, 돈에 대한 긍정적인 태도는 확실히 대물림된 것 같다.

반대로 부모님께는 내 투자 이야기를 잘 하지 않는 편이다. 초기엔 말해봤지만 늘 걱정만 하셨다. 어머니는 경기가 좋지 않다는 뉴스를 보실 때마다 나를 걱정하셨고, 아버지는 전화를 걸어 "딸, 너무 욕심 내지 마라. 집 한 채면 충분하지 않냐"라고 말씀하시곤 했다. 부모님께 돈은 '먹고살 만큼만 있으면 되는 것', 더 가지려는 건 '남의 것을 빼앗는 것'이었다. 나도 오랫동안 그 생각을 당연하게 받아들였다.

그러나 부는 누군가의 것을 빼앗는 게 아니라, 새롭게 창조하는 것이다. 새로운 기술과 상품, 이전에 없던 가치가 등장할 때 그만큼 새로운 부가 생성된다. 부자는 결국 세상에 없는 가치를 만들어낸 사람들이다. 그러니 부자가 되겠다는 욕망, 부를 더 갖고 싶다는 열망은 결코 죄가 아니다.

물론 내 안에는 오랫동안 '부를 욕망하는 건 잘못된 일'이라는 죄책감이 자리했다. 특히 한국식 경쟁 사회에서 자라며 생긴 의식이 컸다. 입시에서는 친구보다 점수를 더 잘 받아야 하고, 더 좋은 대학에 가려면 늘 남을 이겨야 했다. 그래서 친구가 시험을 잘 보면 얄밉기도 했다. 나보다 잘하면 내가 뒤처진다는 불안감, 그게 늘 마음을 짓눌렀다. 그리고 그 경쟁의식이 그대로 '부'에 대한 마인드에도 스며들었다. 마치 부는 정해진 파이처럼 누군가 더 가지면 내가 덜 갖게 되는 제로섬 게임이라고 믿었던 것이다.

하지만 부는 그런 것이 아니었다. 피자가 하나뿐이라면 서로 나눠야 하지만, 세상은 언제든 새로운 피자를 만들어낼 수 있다. 누군가 콤비네이션 피자를 더 먹는다고 해서 내 몫이 사라지는 게 아니다. 나는 불고기 피자를, 다른 이는 새우 피자를 만들면 된다. 부는 상대적인 것이 아니라 무한히 창조될 수 있는 것이다. 이 깨달음을 확신으로 만들어준 책이 월리스 와틀스의 『부자가 되는 과학적인 방법』이다.

"경쟁하려는 생각을 버려야 한다. 우리가 추구해야 할 일은 기존의 것들을 얻기 위해 경쟁하는 것이 아니라 새롭게 창조하는 것이다."

"눈에 보이는 공급량만 보지 말라. 무형의 근원 물질에 담긴 무한한 부를 바라보라. 누군가 눈앞의 부를 독점한다고 해서 당신의 몫이 사라지는 일은 결코 없다."

이 구절들을 읽고 마음이 가벼워졌다. 경쟁에서 벗어나 창조로 시선을 돌리니 타인을 시기하거나 질투할 이유가 사라졌다. 다른 사람이 성공하면 이제는 진심으로 축복해줄 수 있다. 그리고 내가 세상에 사랑과 축복을 보낼수록 그 에너지는 반드시 더 큰 풍요가 되어 내게 돌아온다는 것을 알게 되었다. 그래서 나는 오늘도 다짐한다.

"부는 무한하다. 나는 창조를 통해 나만의 길을 열 수 있다."

# 두 아들에게 물려주고 싶은
## '돈을 대하는 태도'

$

아이들에게 물려주고 싶은 건 돈보다 돈을 대하는 태도다.

아이들이 나를 닮아 돈에 관심이 많다. 둘째는 할머니, 할아버지께 용돈을 받을 때면 금액에 상관없이 절부터 한다. 그 모습이 처음엔 조금 당황스러웠지만, 곧 미소가 지어졌다. 그 속엔 돈에 대한 순수한 호기심과 애정이 담겨 있었기 때문이다.

누군가는 "어릴 때부터 돈을 밝히네"라고 말할지도 모른다. 하지만 나는 돈을 긍정적으로 바라보는 태도는 오히려 바람직하다고 생각한다. 자본주의 사회에서 돈은 행복을 실현하는 수단이자, 삶의 자유를 만들어주는 중요한 에너지이기 때문이다.

김승호 회장님의 책 『돈의 속성』에는 부자가 되기 위한 네 가지 능력이 등장한다.

'돈을 모으는 능력, 쓰는 능력, 버는 능력, 유지하는 능력.'

나는 여기에 하나를 더 보태고 싶다. 바로 '돈을 불리는 능력'이다. 그리고 그 능력들은 어른이 되어 갑자기 생기는 것이 아니라, 어릴 때부터의 습관과 경험에서 만들어진다고 믿는다. 그래서 나는 아이들에게 돈을 모으는 힘부터 가르치고 있다.

용돈을 받으면 일정 부분을 저축하게 하고, 은행에 데려가 적금을 들며 '기다림의 가치'를 알려주었다. 그다음 단계로는 주식을 가르쳤다. 아이들이 직접 회사를 고르고, 왜 그 회사를 선택했는지 이야기를 나눈다. 물론 기업의 비전과 리스크에 대해서는 내가 설명해주지만, 최종 결정은 아이들이 스스로 내린다. 첫 투자에서 예상치 못한 수익을 얻었을 때, 아이들의 얼굴엔 신기함과 성취감이 동시에 번졌다. 하지만 나는 단호하게 말했다.

"주식은 사고파는 게 아니라 모아가는 거야. 짧은 수익보다 시간이 만드는 복리의 힘을 믿어야 해."

그 말을 듣던 아이가 이렇게 대답했다.

"엄마, 지금 올랐을 때 팔고, 더 저렴할 때 다시 사면 더 좋지 않아?"

나는 웃었다. '저렴할 때 산다'는 말 속에서 이미 가치투자의 감각이 보였기 때문이다. 아마도 부동산을 공부하고 투자하는 우리 부부의 모습을 보며 자연스럽게 자산의 흐름을 감각적으로 이해하게 된 것 같았다.

첫째 아이는 또 다른 방식으로 배워가고 있다.

중학생이 된 후 스스로 중고 거래를 시작하면서 아이는 물건의 '가격'보다 '가치'를 보기 시작했다. 얼마나 오래, 효율적으로 사용할 수 있는지가 더 중요해진 것이다. 예전엔 새 물건만 고집하던 아이가, 이제는 중고 플랫폼을 통해 물건을 사고, 필요할 때 합리적으로 파는 법을 배웠다. 그 과정에서 생긴 작은 이익보다 '물건을 소중히 다루는 태도'가 더 값진 배움이었다.

나는 아이들에게 종종 워런 버핏 이야기를 들려준다. 버핏은 자녀들에게 막대한 유산을 물려주지 않기로 유명하다. 그 대신 "아이들에게 유산보다 좋은 교육과 가치관을 물려주겠다"고 했다. 그가 자녀에게 가르친 건 돈의 액수가 아니라 '돈을 대하는 철학'이었다.

빌 게이츠 부부는 자녀에게 이렇게 말했다.

"너희가 하고 싶은 일을 선택할 수 있을 만큼은 주겠지만, 세상을 바꾸는 일을 찾아야 한다."

이 말 속에는 돈보다 '돈을 사용하는 태도'와 세상에 기여할 수 있는 일을 찾아야 한다는 빌 게이츠 부부의 신념이 담겨 있다. 나 또한 아이들에게 똑같이 전하고 싶다.

"돈을 두려워하지 말고, 돈과 친구가 되어라. 그리고 돈이 나를 지배하게 두지 말고, 돈을 나의 꿈을 실현시키는 도구로 사용해라."

그래서 나는 아이들에게 워런 버핏의 소비 습관을 자주 이야기한다.

"옷을 살 돈으로 주식을 산다면 몇 년 후 어떻게 될까?"

그 돈으로 애플 주식 한 주를 샀다면 1년 후, 3년 후 그 가치가 어떻게 달라졌을지 상상해보는 것이다. 이런 사고방식은 아이들에게 소비의 본질을 가르쳐준다. 지금의 만족을 선택할 것인가, 미래의 가치 성장을 선택할 것인가. 금융 교육은 결코 어려운 이야기가 아니다. 은행의 시스템을 배우는 것, 적금을 통해 '모으는 재미'를 배우는 것, 그리고 투자로 '성장의 재미'를 느끼는 것. 이 세 가지를 통해 아이들은 돈을 두려워하지 않고 돈을 존중하는 법을 배운다.

아이들에게 돈을 물려주는 것보다 중요한 건, 돈을 바라보는 태도와 철학을 물려주는 일이다. 돈을 모으는 능력, 소비를 절제하는 습관, 그리고 스스로 가치 있는 곳에 돈을 쓰고 투자하는 안목. 이 세 가지는 평생 흔들리지 않는 자산이다.

세상은 빠르게 변하지만, '돈을 존중하는 태도'는 결코 변하지 않는다. 아이들이 언젠가 각자의 방식으로 부를 만들어갈 때, 그 시작점엔 '돈은 욕심이 아니라, 가능성을 여는 도구'라는 믿음이 함께하길 바란다.

# 부자가 되는 투자 원칙

$

## 모르는 분야에는 절대 투자하지 마라

부동산, 주식, 비트코인, 금, 금융상품 등 세상에는 다양한 투자 수단이 있다. 나는 은행에서 수많은 금융상품을 판매했고, 투자자들의 손익을 지켜봤다. 그런데도 정작 내가 선택한 길은 부동산 투자였다. 왜였을까?

가장 큰 이유는 부자들의 공통점에 있었다. 은행에서 만난 자산가들의 자산 구조를 보면, 사업으로 자수성가한 분들도 결국 부동산으로 자산을 옮겨 안정성을 확보했다. 대한민국 부자들의 보유 자산 1위가 부동산이라는 통계도 이를 증명한다. 무엇보다 부동산 투자로 크게 손해 봤다는 이야기는 거의 들어본 적이 없다. 주식처럼 빠른 손절이 불가능하기 때문에 어쩔 수 없이 장기투자가 되고, 하락장을 버틴 뒤 찾아온 상승장에서 큰 수익을 얻게 되는 경우가 많았다. 다시 말해, 완벽한 전문가가 아니더라도 부동산은 '시간이 아군이 되는 투자'였다.

여기서 오해하면 안 된다. 많은 사람들이 "내가 실력이 있어서 돈을 벌었다"고 착각하지만, 사실은 부동산의 속성과 타이밍 덕분인 경우가 많다. 좋은 시기에, 좋은 지역에서 매수했기 때문에 가능했던 운의 영역이 크다.

은행원으로서 내가 가진 장점도 컸다. 무엇보다 다양한 부자들을 직접 만나며 그들의 투자 방식을 눈으로 확인할 수 있었다. 또 대출 업무를 하면서 수많은 부동산 담보를 다뤘고, 자연스럽게 수도권 주요 지역의 시세와 흐름에 익숙했다. 특히 개인 대출을 오래 맡으면서 아파트와 친숙해졌는데, 은행이 가장 선호하는 담보 역시 아파트였다. 그래서 나의 첫 투자도 아파트였다. 그때 세운 원칙이 하나 있다.

"쉬운 것부터, 내가 아는 것부터, 작게 시작하기."

이 원칙 덕분에 지금까지 큰 손실 없이 투자를 이어올 수 있었다.

반대로, 공부가 되지 않은 상태에서 상승장을 맞으면 불안감 때문에 무리한 투자를 하게 된다. 그래서 투자 공부는 시장이 좋을 때가 아니라 돈을 모으는 순간부터 시작해야 한다. 늦었다고 생각하지 마라. 필요하다고 느낀 순간, 책을 펼치면 된다. 늦은 때란 없다. 사이클은 언제나 돌아온다.

또 하나 중요한 교훈은, 다른 사람의 말을 듣고 투자하지 말라는 것이다. 그리고 공부 없이 모르는 분야에 절대 투자해서는 안 된다. 입행 초기, 선배의 권유로 처음 주식 투자를 했다. 투자할 회사에 대해 알지도 못한 채, 그저 선배의 말을 믿고 돈을 넣었지만 결국 원금만 회수하고 나오게 되었다. 좋은 의도로 알려주신 것이었지만 손실을 본 건 후배들이었고, 결국 권유한 선배도 마음고생이 컸다. 그때 '투자의 세계에서는 오직 나만 믿어야 한다'는 사실을 뼈저리게 느꼈다. 내가 공부하고, 내가 판단하고, 그 결과를 내가 받아들여야 한다.

## 한 분야부터 깊게 파고들어라

기본적인 금융상품에 대한 이해는 어렵지 않다. 하지만 장기적으로 우리가 반드시 공부해야 할 두 가지 투자 대상은 부동산과 주식이다. 두 분야 모두 공부의 양이 방대하고 깊다. 나는 오랜 시간 은행에서 일하며 다양한 금융상품을 접했지만, 내 선택은 부동산이었다. 그렇게 10년 넘게 부동산 투자에 집중하며 "이 좋은 걸 왜 안 할까?"라는 생각을 많이 했다.

물론 나도 한때는 '부동산만 파야지'라는 생각이 강했다. 그러나 금융연수원에서 수업을 들은 뒤 관점이 달라졌다. 고객들에게는 늘 포트폴리오를 강조하며 분산투자를 권했지만, 정작 나 자신은 모든 자산을 부동산에 몰아두고 있었던 것이다. 여기서 중요한 건 순서다.

초기에는 집중 투자가 맞다고 생각한다. 자본이 적을 때, 계란을 여러 바구니에 나누는 건 비효율적이다. 매월 100만 원을 저축할 수 있는 사회초년생이라면 예적금, 펀드, 주식, 코인 등 여러 곳에 나누기보다 한 분야를 깊게 공부하고 집중하는 편이 낫다. 자산이 커지고 난 뒤에는 분산투자가 필요하다. 노후 자금이나 큰 자산을 운영할 때는 위험을 나누고 안정성과 장기적인 수익을 극대화하기 위해 다양한 자산에 배분하는 것이 바람직하다.

그리고 투자는 반드시 공부가 동반되어야 한다. 부동산이든 주식이든 둘 다 거시경제와 긴밀히 연결돼 있다. 특히 수출주도국인 한국에 사는 우리는 미국 시장의 흐름을 반드시 함께 봐야 한다. 주식 투자를 시작했다면 매일 경제신문을 읽고 돈이 어디로 흘러가는지 익혀야 한다. 단순히 내가 가진 종목의 주가만 들여다보는 건 공부가 아니다.

만약 이 책을 읽는 독자가 사회초년생이라면 나는 이렇게 조언하고 싶다.

❶ 주식, 부동산 기초 책을 사서 공부부터 시작하자.
❷ 소득의 50% 이상은 은행 적금 or 지수형 ETF(S&P 500, 나스닥 100)로 모아라.
❸ 근로소득을 통한 '자기 통제력'으로 시드를 만드는 과정은 그 어떤 투자보다 값지다.

내가 다시 사회초년생으로 돌아간다면, 최소 1억 원의 시드를 먼저 근로소득과 저축으로 만들 것이다. 사회생활 초반에는 무조건 소득의 50% 이상을 저축해야 한다. 젊을 때는 시간도 체력도 있으니 주말 알바든 부업이든 뭐든 할 수 있다. 쓰는 시간을 줄이고 벌어들이는 시간을 늘리면 3년 안에도 1억 원은 만들 수 있다.

이 과정에서 반드시 병행해야 하는 것이 투자 공부다. 주식이든 부동산이든 하나를 먼저 정복하자. 한 분야에서 성과를 내면 다른 분야도 자연스럽게 연결된다. 부동산에서 성실히 수익을 낸 사람은 주식에서도 같은 태도로 꾸준히 성과를 낼 수 있다고 생각한다. 결국 답은 단순하다.

"초기에는 집중해서 불리고, 성장 후에는 분산해서 지켜라."

이 원칙이 흔들림 없는 투자 여정을 만들어줄 것이다.

## 가치투자가 어렵다면 장기투자하라

은행에 있다 보면 시대별로 유행하는 금융상품이 있다. 어떤 때는 채권이, 또 어떤 때는 금이나 펀드, ELS가 인기를 끌었다. 시장의 흐름을 따라가며 투자하는 것도 필요하지만, 언제나 사람들의 입에 오르내리는 '투자법의 유행어'가 있다. 그중 하나가 바로 가치투자다.

가치투자는 저평가된 주식이나 부동산을 찾아 투자하고, 시간이 흐른 뒤 그 가치가 드러나면서 수익을 얻는 방식이다. 그런데 이 '가치'가 드러나려면 반드시 시간이 필요하다. 그래서 가치투자는 언제나 장기투자와 짝이 된다.

나는 주식이나 부동산을 단타 개념으로 접근하지 말라고 늘 강조한다. 단타는 투자가 아니라 도박이자 투기다. 설령 돈을 번다 해도 오래 남지 않는다. 쉽게 번 돈은 쉽게 빠져나간다. 술값, 여행비, 충동구매로 흘러가버리고, 자산으로 쌓이지 않는다.

반대로, 피땀 흘려 번 돈은 다르다. 그 돈은 쉽게 쓰이지 않는다. 어떻게 모은 돈인데, 공부도 안 하고 아무 데나 대충 투자할 수 있겠는가? 오히려 진지하게 공부하게 되고, 시간을 들여 계획적으로 투자하게 된다. 그래서 나는 늘 "시드를 모으는 시기에는 공부도 함께 병행하라"고 말한다. 이 두 가지가 동시에 진행되면 엄청난 시너지가 생긴다.

부동산의 경우는 더욱 그렇다. 금액이 크고 거래 비용도 만만치 않다. 사고팔기를 자주 하다 보면 수익은커녕 세금만 내고 끝나기 십상이다. 그래서 부동산은 내 의지와 상관없이 한 번 투자하면 최소 4~5년 이상은 들고 갈 수밖에 없다. 나 역시 대부분의 부동산을 5년 이상 장기 보유하며 수익을 만들었다.

자산은 '사고파는 게임'이 아닌, 모아가는 과정이다. 눈덩이가 구르며 점점 커지듯, 자산도 시간이라는 친구를 만나야 불어난다. 물론 단기로 매각해야 하는 예외적인 순간도 있겠지만 원칙은 언제나 같다. 주식과 부동산으로 진짜 수익을 내고 싶다면 한 문장만 기억하면 된다.

"투자는 시간을 친구로 삼는 사람의 것이다."

## 최악의 경우를 생각하고, 감당 가능하다면 투자하라

주식은 여윳돈으로 해야 하고, 빚내서 하면 안 된다는 이야기를 흔히 듣는다. 나 역시 그 말에 전적으로 동의한다. 하지만 현실을 보면 여윳돈으로 투자하는 사람보다, 무리해서 대출을 받거나 단타로 뛰어드는 사람이 훨씬 많다. 그리고 그들이 꾸준히 돈을 벌었다는 이야기는 거의 들어본 적이 없다. 잠깐 수익을 내는 경우는 있다. 그러나 그 돈은 다시 시장으로 들어가 손절로 사라지거나 쉽게 소비로 흘러가 결국 남지 않는다.

여윳돈이 아닌 자금으로 들어가면 어쩔 수 없이 단타가 된다. 단기간 안에 돈을 써야 하기에 시장 상황과 상관없이 자금을 회수해야 하는 순간이 온다. 주식 투자에서 가장 치명적인 상황은 마이너스일 때 돈이 급히 필요해 강제로 매도해야 하는 경우다. 물론 손절은 필요하다. 하지만 전략적인 손절과 자금난에 떠밀려 손해를 감수하는 매도는 전혀 다르다. 그래서 주식은 반드시 여윳돈, 장기투자가 가능한 돈으로만 해야 한다.

부동산은 더 복잡하다. 공실, 이자, 역전세, 집값 하락 등 신경 써야 할 리스크가 많다. 내가 내 집 마련 컨설팅을 진행할 때도 반드시 원리금을 계산하고, 실수령액과 지출 구조를 꼼꼼히 따져본다. 놀라운 건 많은 사람들이 자신의 정확한 수입과 지출을 잘 모른다는 것이다. 그래서 최소 3개월치 내역을 뽑아 고정지출과 변동지출을 분류하고, 최악의 상황에 대비한 여유자금이 있는지도 반드시 확인한다. 이런 과정을 거쳐야만 리스크를 감당할 수 있다.

투자에서 가장 무서운 건 '예상하지 못한 상황'이다. 하지만 미리 시뮬레이션을 돌려보면 다르다. 머릿속에서 최악의 경우를 상상하고, 그 상황에서 내가 할 수 있는 대처가 떠오른다면 투자할 준비가 된 것이다. 감당이 가능한 리스크일 때만 비로소 안전하게 투자할 수 있다.

결국 투자의 핵심은 기술이 아니다. 기술적인 부분은 몇 달만 집중해도 배울 수 있다. 그러나 투자 마인드와 끈기는 하루아침에 만들어지지 않는다. 끊임없는 습관, 자기 관리, 노력으로 몸에 배어야 한다. 흔들림 없는 투자를 하는 힘은 결국 '자기 자신을 믿는 힘'에서 나온다. 그 믿음은 공허한 자기 암시가 아니라, 꾸준히 공부하고 성실히 준비하며 스스로를 설득한 결과다. 기본에 충실하면서도 내가 원하는 최종 목표를 마음속에 그리며 끈기 있게 버텨 나갈 때, 진정한 투자자의 길이 열린다.

# 절약은 미래를 여는 투자다

$

사람은 누구나 돈을 벌고, 또 쓰며 살아간다. 그런데 그 돈을 어떻게 쓰느냐에 따라 삶의 질이 달라지고, 미래가 달라진다. 나는 불필요한 지출은 최대한 줄이고, 정말 큰돈이 필요한 순간을 위해 미리 저축하며 준비해왔다.

결혼 초기, 우리 집에는 침대가 없었다. 신혼 때부터 15년 동안 두꺼운 요에서 생활했다. 모아둔 돈이 거의 없는 상태에서 결혼했기 때문에 혼수도 최소화했는데, 싱글 때도 요에서 잤던 터라 굳이 침대가 필요하다고 생각하지 않았다. 남편과 나는 크게 불편하지 않으면 새것을 사지 않았다. 그러다 시간이 흘러 남편의 허리가 불편해지고, 건강에 영향을 준다고 느껴져서 비로소 침대를 최근에 장만했다.

나의 소비 습관은 늘 같았다. '당장 사고 싶다'는 감정보다 먼저 '정말 필요한가?'라는 질문을 던지는 것이다. 세계적인 투자자 워런 버핏도 절약의 대명사로 불린다. 그는 매일 아침 맥도날드 맥모닝 세트로 식사를 해결하는데, 주식 시장 상황에 따라 더 저렴한 메뉴를 고르기도 한다고 한다. 세계적인 부자가 왜 그렇게 소박하게 살까? 바로 "절약은 단순히 아끼는 것이 아니라, 미래를 위한 투자"임을 알기 때문이다. 나 역시 버핏의 사례를 보면서 관점을 다시 세웠다. 돈을 쓸 때마다 스스로에게 묻는다.

"이 돈을 지금 쓰지 않고 투자한다면, 몇 년 뒤 얼마나 커져 있을까?"

작은 금액이라도 투자라는 씨앗이 되어 자라난다고 믿으며 행동했다. 덕분에 나는 4천만 원으로 시작해 지금은 수십억 원의 자산을 만들 수 있었다.

사람들은 흔히 돈을 쓰며 일시적인 기쁨을 얻는다. 하지만 진짜 부자가 되려면 그 순간의 만족을 미루고, 미래의 더 큰 자유와 행복을 그릴 수 있어야 한다. 이것이 바로 상상의 힘이다. 원하는 삶을 먼저 마음속에 그려보고, 그에 맞는 소비와 투자 습관을 선택하는 것이다. 나 역시 그런 습관 덕분에 지금은 생계를 위해 일하지 않고, 내가 가치를 제공할 수 있는, 가슴 뛰는 일을 선택하며 살아가고 있다.

심리학 연구에서도 같은 결과가 확인된다. 시카고대 미셸 박 교수 연구팀은 소비를 '즉시 만족'이 아니라 '미래 가치'의 관점에서 바라볼 때, 재정적 안정감과 삶의 만족도가 높아진다고 밝혔다(2016). 순간의 쾌락을 미루고 미래의 보상을 선택하는 능력, 이른바 '지연된 만족(Delayed Gratification)'은 성공한 사람들의 공통된 습관이기도 하다.

나는 내 아이들이 이 사실을 꼭 기억해주었으면 한다. 돈을 아낀다는 건 궁핍하게 사는 것이 아닌, 더 크고 의미 있는 가치를 선택하는 일이라는 것을 말이다. 지금의 선택이 곧 미래를 만든다. 현명한 소비 습관은 단순히 돈을 모으는 기술이 아니라, 당신이 원하는 삶을 끌어당기는 가장 강력한 무기라는 걸 잊지 말길 바란다.

# 선언하라, 일론 머스크처럼!

$

일론 머스크는 선언의 대가라 불릴 만한 인물이다.

그는 늘 세상을 향해 과감히 비전을 선포한다. 화성 이주, 완전 자율주행차, 인공지능 개발 중단 촉구 등 그가 던지는 선언은 언제나 인류의 미래를 향해 있다. 그의 말 한마디는 단순한 예언이 아니라, 수많은 사람의 상상력을 현실로 이끄는 불씨가 된다. 머스크는 트위터(현: X)를 통해 자신의 생각과 목표를 주저 없이 공개했다. 그의 말은 때로 시장을 흔들고, 세상을 놀라게 한다.

그는 성공과 실패를 모두 경험했지만, 중요한 건 늘 세상 앞에서 '먼저 말한다'는 점이다. "언젠가"가 아니라 "지금부터"를 말하고, 불가능해 보이는 일을 당연한 듯 선언한다. 실제로 그의 선언 중 일부는 세상을 완전히 바꿔놓았다. 스페이스X의 재사용 로켓, 테슬라의 전기차 혁신처럼 말이다. 물론 실현되지 못한 약속들도 많지만, 그는 실패를 두려워하지 않는다.

나는 머스크를 단순한 기업가가 아니라, 세상을 바꾸는 선언가이자 혁신가라 부르고 싶다. 선언에만 그치지 않고 그는 몸으로 증명해갔다. 그는 선언의 힘을 알고 있고, 선언이야말로 그를 지금의 자리로 이끈 강력한 추진력이었다.

나 역시 오래전엔 다짐만 하던 사람이었다.

"올해는 꼭 살을 빼야지, 주 3회 운동을 해야지, 이번 달은 반드시 글을 끝내야지."

나는 오랫동안 마음속으로만 다짐하는 사람이었다. 하지만 이런 다짐은 번번이 무너졌다. 누구에게도 들키지 않으니 나조차 쉽게 잊어버렸고, 그 약속을 어길 때마다 나에 대한 믿음과 자신감이 조금씩 깎여나갔다.

그러던 어느 날, 투자를 시작하고 수많은 챌린지를 완주하면서 중요한 사실을 알게 되었다. 목표를 혼자만의 다짐으로 품는 것과 세상에 공개적으로 선언하는 것은 전혀 다른 차원이라는 것이다. 인스타그램 스토리에 매일 인증을 올리며 사람들의 시선을 의식하자 오히려 그것이 강력한 동기부여가 되었다. 작은 팔로워 수였지만, 꾸준히 지켜보는 사람들이 있다는 것만으로도 쉽게 포기할 수 없었다.

이 효과는 학문적으로도 증명된다. 소비자 행동을 연구한 프랜시스 나이어(Francis Nyer)와 스테파니 델란데(Stephanie Dellande)는 공개 선언이 목표 달성에 미치는 효과를 실험했다. 그들은 다이어트 참가자를 두 그룹으로 나눠 한쪽은 조용히, 다른 한쪽은 공개적으로 목표를 선언하게 했다. 결과는 분명했다. 공개적으로 선언한 사람들이 훨씬 더 오래, 더 꾸준히, 그리고 더 효과적으로 목표를 지켜냈다. 이는 심리학에서 말하는 '인지 부조화'와도 연결된다. 우리가 내뱉은 말과 실제 행동이 다를 때 느끼는 불편함 때문에 우리는 무의식적으로라도 행동을 말에 맞추려 한다. 선언은 그만큼 강력한 행동의 촉매제다.

나는 이런 힘을 여러 번 체험했다. 글쓰기를 꾸준히 하고 싶었지만 혼자 다짐할 때는 번번이 실패했다. 그래서 아예 환경을 만들어버렸다. '아침목표달성 챌린지(아목달)'라는 이름으로 크루들을 모아 내가 직접 리더가 되었다. 매일 아침 6시에 줌을 열어야 했기에 내가 일어나지 않으면 모두의 하루가 시작되지 않았다. 처음엔 긴장에 잠을 설치기도 했지만, 일주일이 지나자 자연스럽게 5시 반이면 눈이 떠졌다. 나의 책임감은 다른 사람들에게 좋은 환경을 만들어주었고, 동시에 나를 더 단단하게 세워주었다. 회사는 나왔지만 나는 여전히 매일 6시에 출근한다. 나와의 약속이 아닌, 함께하는 사람들과의 선언이 나를 그 자리에

서게 한다.

부동산 투자도 마찬가지다. 단순히 '돈을 벌겠다'는 마음만으로는 버티기 힘들다. 그러나 가족과 지인들 앞에서 "나는 반드시 성공한 투자자가 되겠다"고 선언했을 때, 그 약속은 나를 밀어붙이는 힘이 되었다. 그 한마디가 행동을 이끌고, 결국 성과를 만들어냈다.

원하는 삶을 분명하게 말로, 글로, 행동으로 드러낼 때 우주는 그 신호를 놓치지 않았다. 다짐이 선언으로 바뀌는 순간, 삶의 방향이 달라졌다. 그래서 이 책은 단순한 지식 전달서가 아니라 선언이 어떻게 내 삶을 바꾸었는지, 그 과정에서 내가 끌어당긴 크고 작은 기적들을 나누기 위한 것이다. 그리고 당신이 이 책을 덮는 순간, 마음속 깊은 다짐을 세상 앞에 꺼내놓을 용기를 얻게 되기를, 그 선언이 당신의 삶을 움직이는 강력한 동력이 되기를 바란다.

# 다른 사람의 성공을 축복하라

$

부동산 투자를 시작하면서 나는 혼자만의 힘으로 달려온 것이 아니었다. 늘 곁에서 함께 공부하고 임장을 다니던 동료가 있었다. 그는 성실하고 꼼꼼한 사람이었다. 작은 단서 하나도 놓치지 않고 늘 노트를 꺼내 메모하는 모습에서 나도 자극을 많이 받았다. 같은 물건을 보러 가더라도 그는 나와 전혀 다른 시각으로 시장을 바라봤다.

솔직히 말하면, 마음 한쪽에서는 불안이 올라왔다. '혹시 저분이 먼저 낙찰받으면 나는 뒤처지는 게 아닐까?' 하지만 곧 깨달았다. 그는 경쟁자가 아니라 동료였고, 그의 성공은 곧 나의 가능성을 더 크게 열어준다는 사실을. 그래서 마음을 다잡고 진심으로 응원하기로 했다.

나는 자주 활용하는 '미래 감사'를 그에게도 적용했다. 인스타그램 댓글에 이렇게 남겼다.

"곧 건물주가 되신 걸 축하드려요!"

마치 이미 이루어진 것처럼 축복했다. 놀랍게도 그 말이 씨앗이 된 것처럼 그는 우리가 함께 임장했던 물건을 낙찰받아 건물주가 되었고 지금은 안정적인 임대 수익을 올리고 있다. 그의 성취가 마치 내 일처럼 기뻤다. 그리고 얼마 지나지 않아 나 역시 다가구 주택을 낙찰받으며 건물주가 되었다.

"다른 사람의 성공을 진심으로 축복하면, 그 에너지가 반드시 나에게도 돌아오는구나."

그 이후로 나는 누군가의 '성공'을 바라보는 시선이 달라졌다. 예전에는 누군가 앞서가면 초조함을 느꼈지만, 지금은 그들의 성취가 나의 가능성을 비춰주는 거울처럼 느껴진다. 누군가의 성장 소식은 이제 비교의 대상이 아니라, 내가 나아갈 방향을 알려주는 힌트가 되었다. 그들이 앞서갔다는 건, 나 역시 그 길로 갈 수 있다는 증거이기 때문이다. 그래서 나는 마음속으로 이렇게 말한다.

'와, 정말 잘됐다! 대단하다! 나도 곧 저런 결과를 경험하게 되겠구나.'

그렇게 생각하면 마음이 한결 가벼워지고, 감사의 감정이 저절로 피어난다.

축복의 에너지는 돌고 돈다. 진심으로 누군가의 빛을 응원할 때, 그 빛은 어느새 내 삶에도 반사되어 온다. 그리고 신기하게 내 앞에도 좋은 기회가 나타난다.

비슷한 경험을 인스타그램 스터디에서도 했다. 나와 비슷한 시기에 계정을 시작했지만, 어떤 이는 금세 팔로워 5천을 넘겼고, 또 어떤 이는 릴스 하나로 수십만 조회수를 기록했다. 솔직히 비교심이 올라왔다. 하지만 이번에도 선택은 내 몫이었다. 비교로 마음을 소모할 것인가, 축복으로 성장할 것인가. 나는 축복을 택했다. 동료들의 게시물에 댓글을 달고, 스토리에 공유하며, 마치 내 성과처럼 함께 기뻐했다. 그러자 신기하게도 스터디에 있던 동료들이 연이어 성과를 냈고, 나 역시 그 흐름 속에서 단기간에 1만 팔로워를 달성할 수 있었다.

축복은 단순히 좋은 말을 건네는 게 아니다. 마음 깊은 곳에서 '그 사람의 성공이 곧 내 기쁨이다'라고 진심으로 느끼는 것이다. 그렇게 보내는 응원은 보이지 않는 에너지로 바뀌어 반드시 나에게 되돌아온다. 이 원리를 깨닫고 나서부터 성공한 사람들을 보는 시선이 달라졌다. 과거에는 부러움과 질투가 먼저였다면, 이제는 좋은 소식을 안겨준 사람에게 감사하며 진심으로 축복한다.

혹시 지금 누군가의 성공 소식이 마음을 불편하게 한다면, 그 감정을 억누르지 말고 먼저 인정해보자. 그리고 의식적으로 축복을 선택하자. 질투는 당연하다. 하지만 그 감정을 축복으로 전환하는 순간, 인생은 또 다른 길로 열린다. 세상은 내가 보내는 진심을 읽고, 반드시 그대로 되돌려주기 때문이다. 남의 성공을 진심으로 축복하는 것은, 내 성공을 앞당기는 가장 빠른 지름길이다.

# 돈이 나에게 준 자유

$

안정적인 급여를 대신할 자산을 만들고 나서 마음의 여유가 찾아왔다. 매달 일정한 현금 흐름이 들어오자, '일하지 않아도 돈이 흐르는 구조'를 처음 체감했다. 그 알림 문자를 볼 때마다 단순히 돈이 들어온다는 느낌보다 "이제는 내가 시간을 주도하고 있구나" 하는 안도감이 밀려왔다.

퇴사 전에는 하루 대부분이 회사의 시간이었다. 아침엔 급히 출근하고, 점심엔 대화 대신 영업 실적을 고민했다. 주중에 회사 일로 에너지를 모두 소모하니 주말엔 피로로 채워졌다.

그러나 지금은 다르다. 평일 아침 눈을 떠도 시간에 쫓기지 않는다. '오늘은 어떤 카페로 갈까?'를 생각하며 하루를 계획한다. 카페 창가에 앉아 글을 쓸 때면 "삶의 여유라는 게 이런 거구나"라는 말이 저절로 나온다.

어떻게 여기까지 왔을까. 그저 상상하고 꿈꿨을 뿐인데, 그 상상이 현실이 되어 있었다.

지금의 나는, 돈이 나에게 시간을 선물했다고 믿는다. 하얀색과 파란색이 가득한 사각형의 공간 속에서만 살던 내가, 이제는 햇살이 드는 창가, 조용한 서점, 낯선 도시의 카페에서 하루를 보낸다. 공간이 바뀌니 생각이 바뀌고, 생각이 바뀌니 사람을 대하는 태도가 바뀌었다. 이것이 돈이 내게 준 자유의 진짜 의미였다.

회사를 나와 새로운 일에 도전할 수 있었던 건 단지 투자 수입 때문은 아니었다. 그보다 중요한 건, 부동산 투자 과정에서 쌓인 도전의 경험과 자기 확신이었다. 성공과 실패를 반복하면서 '해낼 수 있다'는 믿음이 생겼고, 그 믿음이 다음 도전을 가능하게 했다. 부동산은 언제든 팔면 사라질 수 있다. 하지만 그 과정에서 얻은 자신감과 경험, 자산을 바라보는 시선은 절대 없어지지 않는다. 돈은 그저 도구였고, 진짜 자유는 내 안의 확신에서 비롯되었다. 돈은 분명 나를 자유롭게 했고, 내 삶의 형태를 바꿔준 도구가 되었다.

예전엔 늘 '해야 하는 일'을 중심으로 살았다면 이제는 '하고 싶은 일'을 중심으로 산다. 하고 싶은 일에는 시간과 에너지를 쓸 수 있고, 그 덕분에 더 좋은 아이디어가 떠오른다. 돈이 생기니 나태해진 게 아니라, 오히려 내 삶의 질을 높이는 데 돈을 쓰는 법을 배웠다.

예를 들어, 이전엔 여행을 '지출'로 생각했지만 지금은 '경험의 투자'로 본다. 가족과 여행을 하며 그 시간 동안 아이들과 나눈 대화가 어떤 재테크보다 내 인생의 소중한 자산이 되었다. 좋은 공간에 돈을 쓰는 것도 비슷하다. 하루 종일 앉아 글을 쓸 수 있는 조용한 카페, 햇살이 들어오는 숙소, 그곳에서의 여유로움은 내 창의력의 원천이 된다. 결국 돈은 나를 게으르게 만든 게 아니라, 내 안의 가능성을 더 넓게 펼칠 수 있는 무대를 만들어 주었다.

사람들은 "돈이 전부가 아니다"라는 말을 많이 한다. 물론 맞는 말이다. 하지만 돈은 행복의 본질이 아니라, 행복을 가능하게 만드는 도구 중 하나다. 내가 사랑하는 사람들과 시간을 보내고, 배우고, 나누고, 성장할 수 있는 기회를 열어주는 열쇠다. 돈은 나에게 '해야 하는 삶'에서 '하고 싶은 삶'으로 이동할 수 있는 레버리지를 주었다. 돈은 단순히 통장 속 숫자가 아닌 내가 세상을 바라보는 시야의 확장이었다.

경제적 자유라고 하면 사람들은 흔히 수백억 원대 자산가나 재벌 혹은 조기 은퇴에 성공한 파이어족을 떠올린다. 나는 경제적 자유가 수백억 원이 있어야 가능한 거라고 생각하지 않는다.

경제적 자유란, 내가 쓰는 돈보다 내 자산이 만들어내는 수익과 현금흐름이 더 많을 때 비로소 '돈을 위해 일하지 않아도 되는 순간'이 찾아오는 상태다. 그때 우리는 진짜 자유를 경험한다.

여기서 중요한 건 '얼마를 버는가'보다 '얼마를 쓰며 사는가'이다. 만약 어떤 사람이 매달 300만 원만으로도 충분히 만족하며 살고, 그 정도의 수익이 자산에서 꾸준히 흘러나온다면 그는 이미 경제적 자유에 도달한 것이다.

반면, 매달 1천만 원이 있어야 만족하는 사람이라면 그 자유는 훨씬 더 먼 이야기일 것이다. 경제적 자유는 절대적인 금액이 아니라, 상대적인 만족의 문제다. 소비를 줄인다는 것은 단순히 아끼는 게 아니라, '나에게 진짜 필요한 것이 무엇인가'를 분별하는 과정이다. 욕망을 조절할 수 있을 때 우리는 돈의 노예가 아니라 자유를 얻게 된다.

즉, 자유는 돈의 크기에서 오는 게 아니라 '충분하다'고 느낄 수 있는 마음의 크기에서 온다. 그 마음이 단단해질수록 경제적 자유는 더 빠르게, 더 확실하게 우리 곁으로 다가온다.

예전엔 눈앞의 현실만 보였다면, 이제는 내 삶 전체의 흐름이 보인다. 그건 돈이 주는 '넉넉함'이라기보다, '불안하지 않은 상태'에서만 느낄 수 있는 평화다.

나는 돈이 나를 자유롭게 해줬다고 믿는다. 그러나 그 자유는 돈을 통해 나 자신을 성장시킨 과정의 선물이었다. 그 과정을 통해 알게 되었다.

돈은 삶의 방향을 바꾸는 도구이자, 내면의 성장을 가속화시키는 촉매제라는 것을.

# 불안과 결핍에서 마음의 풍요로

$

나는 오랫동안 돈에 대한 막연한 불안과 결핍 속에서 살았다.

남편은 대기업, 나는 국책은행에 다니며 안정적인 소득을 유지했고, 자산 축적도 또래보다 빨랐다. 그럼에도 늘 돈이 부족하다고 느꼈다. 통장에 숫자가 늘어나도 마음은 채워지지 않았다. 지금 돌아보면 그건 단순한 돈의 문제가 아니라, 돈에 대한 무의식적 불안이었다.

어릴 적부터 부모님이 돈으로 힘들어하던 모습이 내 안에 깊이 새겨져 있었다. 부모님은 늘 "돈은 버는 게 힘들다", "돈은 아껴 써야 한다"는 말을 입에 달고 사셨다. 그 말은 어느새 내 잠재의식에 각인되었다. 돈은 언제나 부족하고, 언제든 사라질 수 있는 존재라고 믿게 된 것이다.

은행에서 일하며 누구보다 많은 사람들의 자산을 관리했지만, 정작 나는 내 돈의 흐름을 제대로 들여다보지 않았다.

'부자는 불안해하지 않는다'는 믿음 아래, 불안한 나를 오히려 부정하려 애썼다. 하지만 아무리 자산이 늘어도 마음의 공허함은 채워지지 않았다. 부동산 투자를 이어가며 자산은 커졌지만, "혹시 자금이 막히면 어쩌지?", "이번 달 대출이자는 다 나갈 수 있는 건가?", "다음 물건은 살 수 있을까?" 늘 마음속에 불안의 그림자가 따라붙었다.

마흔이 되어서야 깨달았다. 그 불안은 외부의 현실이 아니라 내가 만든 내면의 족쇄였다는 것을. 돈의 흐름을 객관적으로 파악하지 않은 채, 막연한 두려움 속에서 스스로를 옭아매고 있었던 것이다. 그 깨달음은 뜻밖의 순간에 찾아왔다.

주식 투자 실패로 빚을 진 한 지인이 있었다. 그런데 그는 놀라울 만큼 평온해 보였다. 그 이유를 물었더니 이렇게 답했다.

"한 달 자금 흐름을 전부 정리해놨어. 들어오는 돈, 나가는 돈, 남는 돈이 다 보이니까 불안할 게 없더라고."

그 말을 듣고 충격을 받았다. 나야말로 자산을 불리기에만 급급했지, 내 돈의 '흐름'을 모르고 있었다. 숫자를 좇느라 마음의 안정을 잃고 있었던 것이다. 그날 이후 나는 내 돈의 지도를 그리기 시작했다. 수입과 지출, 고정비와 변동비를 나누고, 한 달

현금 흐름을 정리했다. 그렇게 내 숫자를 마주하자 불안이 줄었다. '모른다는 불안'이 '안다는 안정감'으로 바뀐 것이다. 그리고 나는 오래된 내 안의 결핍을 치유하기로 결심했다. 그 시작은 단순했다. 하루를 긍정 확언으로 시작하는 것이다.

"나는 내가 좋다."
"나는 풍요롭고 여유롭다."
"나는 행복한 사람이다."
"나는 날마다 성장한다."
"삶은 나에게 더 좋은 것을 주려 한다."
"나는 다양한 경로를 통해 수입이 늘어남에 행복하고 감사하다."

이 문장들을 반복하며 내 안의 긴장을 풀었다. 처음엔 어색했지만, 반복할수록 마음이 안정되었다. 불안한 감정이 올라올 때마다 이 말을 되뇌었다. 놀랍게도 점점 내 안의 평화가 자리를 잡았다.

결국 나는 깨달았다. 돈의 크기보다 마음의 크기가 먼저라는 것을. 마음이 평온해야 돈의 흐름도 고요해진다.

이제는 돈을 좇는 대신, 풍요의 에너지를 먼저 만든다. 마음이 평온해질수록 이상하게도 좋은 기회가 찾아왔다. 새로운 고객, 좋은 투자처, 뜻밖의 협업 제안이 자연스럽게 흘러들어왔다.

'끌어당김'은 마법이 아니라, 평온한 마음에서 비롯된 흐름이라는 걸 알게 되었다.

명상 역시 큰 도움이 되었다. 처음엔 '원하는 물질'을 상상하며 시각화 명상을 했지만, 지금은 오히려 고요함을 위한 명상을 한다. 고요해진 마음 위에서야 비로소 내가 진짜 원하는 것이 선명하게 보였다. 그리고 그때마다 마지막에는 스스로를 안아준다.

"괜찮아, 지금 이대로도 충분해."

이 단순한 동작이 내 불안과 긴장을 녹여냈다.

풍요는 통장 잔고에 있지 않다. 평온한 마음, 믿음의 에너지, 그리고 스스로 충분하다고 느끼는 순간에 있다. 그래서 오늘도 나는 마음속으로 되뇐다.

"나는 풍요롭고 여유롭다."

내가 나를 향해 보내는 가장 따뜻한 위로다. 그 말을 반복할수록 돈은 더 이상 나를 조이지 않는다. 대신, 부드럽게 내 곁을 흐른다.

# 나눔이 불러온 부의 순환

$

진정한 부자는 돈을 얼마나 벌었는가로 평가되지 않는다. 그가 번 돈을 어떻게 쓰는가, 어디로 흘려보내는가가 진짜 부를 결정한다. 돈은 도구이며, 그 도구를 통해 세상에 선한 영향력을 남기는 사람. 그가 바로 진짜 부자다.

세계적인 부자들이 공통적으로 말하는 것이 있다.

"돈은 나눌 때 비로소 진짜 힘을 가진다."

워런 버핏은 그 대표적인 인물이다. 그는 80세가 넘은 나이에 전 재산의 99%를 기부하겠다고 선언했다. 오랜 세월 '투자의 귀재'로 불리며 천문학적인 부를 쌓았지만, 그가 세상에 남기고 싶었던 것은 수익률의 기록이 아니라 '나눔의 기록'이었다. 그는 "이 세상은 내가 가진 것보다 훨씬 더 많이 나에게 주었다. 이제는 돌려줄 차례다"라는 말을 남겼다.

빌 게이츠 역시 같은 길을 걸었다. 마이크로소프트의 성공 이후 그는 '빌 게이츠 재단'을 설립해 아프리카의 말라리아 퇴치, 아시아의 교육 지원, 그리고 전 세계적 질병 예방에 힘을 쏟았다. 그가 사업가에서 인류의 문제를 해결하는 자선가로 변모할 수 있었던 이유는 '돈은 책임이다'라는 확고한 철학 때문이었다. 이들은 부자가 되었기 때문에 선행을 한 것이 아니다. 선행이 그들을 더 큰 부자로 만들었다.

"돈은 흘려보내야 순환한다."

은행 입사 후 첫 지점에 발령받은 지 얼마 되지 않아 지점 차장님께 들은 이야기다. 주식으로 꽤 많은 돈을 버신 차장님께서 "내가 번 돈을 잘 쓰고 흘려보내야 다시 내게 온다"라고 말씀하시며 후배들을 모아 호텔에서 거하게 식사 및 술을 쏘셨다. 그때 내가 느낀 건 그저 '멋진 차장님이시다. 배포가 참 크신 분이다.' 정도의 생각이었지 돈의 흐름에 대해서는 귀담아듣지 않았었다. 그저 '나누실 수 있는 분이구나. 은행 참 좋다.' 그 정도의 생각뿐이었다.

하지만 돈 공부를 하고 난 뒤 그때 차장님께서 하신 말씀이 계속 떠올랐다. 그분은 돈의 속성을 아셨던 것이다. 얻은 것도 잘 흘려보내야 돌아온다는 것을. 그 순환 속에서 새로운 기회,

사람, 에너지가 함께 들어온다. 그것이 바로 세상의 이치이자, 에너지의 법칙이다. 나도 돈에 대한 관점을 바꾸면서 깨달은 것이 있다.

"돈은 에너지다."

좋은 의도와 따뜻한 마음으로 흘려보내면 그 에너지는 반드시 더 큰 형태로 되돌아온다. 누군가의 배를 채워주거나 누군가의 삶을 밝히는 데 쓰인 돈은 결국 그 사람의 인생으로 되돌아오게 된다.

나는 대학생 때 처음으로 '기부'라는 것을 시작했다. 숲을 좋아해 우연한 기회로 환경단체에서 잠깐 활동한 적이 있었고, 그 인연으로 정기후원 회원이 되었는데, 지금 생각해보면 그 작은 선택이 나의 '돈의 철학'을 세운 첫걸음이었다. 그 후로 20년 가까이, 매달 꾸준히 같은 단체에 기부하고 있다.

결혼을 하고, 아이를 낳고, 회사에 다니며 수많은 변화가 있었지만 그 자동이체만은 한 번도 멈춘 적이 없다. 누군가에겐 작은 금액일지 몰라도, 내게는 세상과의 연결선이자 환경에 대한 의무와 적극적으로 활동하지 못하는 죄책감을 덜어내는 행동이었다. 환경단체 외 세 곳에 더 기부하고 있는데 시작한 이후로 신기한 일이 많았다. 어려운 시기에도 예상치 못한 기회가 찾아오고, 도움이 필요한 사람을 자연스럽게 만나게 되었다. 나는 그것이 단순한 우연이 아니라고 믿는다. '주는 에너지'는 반드시 '받는 에너지'를 끌어온다. 내가 흘려보낸 만큼의 선의가 보이지 않는 길을 통해 다시 나에게 돌아오는 것이다.

워런 버핏이 말했다.

"돈은 그 자체로는 아무 의미가 없다. 돈은 당신이 세상을 얼마나 더 좋게 만들 수 있는지 보여주는 수단일 뿐이다."

나는 이 말에 깊이 공감한다. 우리가 돈을 통해 나누는 것은 결국 '사람에 대한 사랑'이다. 그 사랑이 순환하면서 사회가 건강해지고, 그 안에서 또 다른 기회가 태어난다.

나는 부동산을 공부하고 투자할 때에도 이 나눔의 원리를 떠올리곤 한다. 돈을 벌기 위해 몰두하던 시절에는 불안과 경쟁심이 늘 마음을 잠식했다. 하지만 나눔을 실천하고 나서부터는 '돈은 늘 돌고 돈다'는 믿음이 생겼다. 그 믿음이 내 마음을 편안하게 만들었고, 그 편안함이 결국 더 좋은 기회를 끌어당겼다.

감사의 마음으로 돈을 쓰면, 그 돈은 신기하게도 다시 감사할 일이 되어 돌아온다. 내가 흘려보낸 것은 단지 금액이 아니라 에너지였다. 그 에너지가 사람을 통해, 상황을 통해 기회라는 이름으로 돌아왔다. 무료로 한 재능기부 강의 및 자기계발 커뮤니티 활동으로 좋은 인연을 만났고, 때로는 예상치 못한 제안이 들어오기도 했다. 그럴 때마다 나는 속으로 이렇게 되뇌었다.

"아, 이게 바로 순환이구나."

우리가 가진 돈은 우리의 가치관을 비추는 거울이다. 그 돈이 머무르는 곳이 우리의 마음이 머무르는 곳이다. 그렇다면 나는 내 돈을 어디에 머물게 하고 싶은가. 돈은 써야 한다. 그러나 아무 데나 써서는 안 된다. 사람을 살리고, 세상을 밝히는 데 쓰일 때 돈은 그 존재 이유를 다한다. 그 순간 돈은 단순한 수단이 아니라, '빛나는 에너지'로 변한다. 그 빛이 결국 나를 비추고, 다시 세상을 비춘다.

부자의 정의는 단순하다. 많이 가진 사람이 아니라, 많이 베풀 수 있는 사람이다. 진짜 부자는 자신이 흘려보낸 돈이 누군가의 삶을 바꿀 수 있다는 사실을 아는 사람이다. 그는 돈을 모으는 것이 아니라, 돈을 통해 세상을 더 아름답게 만드는 법을 안다.

나에게 돈은 '감사의 기록'이다. 매달 자동이체되는 금액들을 보며 '아깝다'가 아닌 '줄 수 있음에 감사하다'로 인식하며 그 돈이 아름답게 쓰여지길 잠시 상상하곤 한다. 돈을 잘 쓰는 능력은 결국 내가 소비하는 습관뿐 아니라 공헌과 기부에서도 찾을 수 있다. 결국 돈은 흘러야 하고, 그 흐름의 방향이 '사랑과 감사'일 때, 그 돈은 배가되어 다시 돌아온다.

오프라 윈프리 역시 그 사실을 온몸으로 증명한 사람이다. 그녀는 가난과 학대를 겪은 어린 시절을 지나 세계적인 부와 명성을 얻었지만, 그 성공의 중심에는 언제나 '나눔'이 있었다. 오프라 윈프리는 말했다.

"내가 확실히 아는 것은, 내가 준 것이 결국 나에게 돌아온다는 것이다."

그녀의 말처럼 돈과 사랑, 그리고 에너지는 결국 하나의 순환 안에서 움직인다. 주는 삶을 사는 사람은 이미 풍요 속에 있다. 그녀는 학교를 세우고, 청소년 장학재단을 만들며, 한 사람의 가능성이 세상을 바꿀 수 있다는 믿음을 실천해왔다. 오프라가 말하는 진짜 풍요는 통장 잔고가 아니라 마음의 상태다.

"감사는 더 많은 것을 불러들이는 자기장이다."

그녀는 늘 감사 일기를 쓰며, 매일의 '충분함'을 기록했다고 한다. 그 결과 그녀의 삶에는 감사할 일이 끊이지 않았고, 그것이 곧 풍요의 에너지로 확장되었다.

나는 그 철학에 깊이 공감한다. 결국 돈의 흐름도 마음의 흐름이다. 감사와 나눔이 있는 곳엔 늘 새로운 가능성이 자라난다. 부자는 돈이 많아서 행복한 것이 아니라, 흐름의 법칙을 이해했기 때문에 행복하다. 그 흐름을 '감사'와 '나눔'으로 돌리는 사람, 그가 진정한 부자다.

오늘도 나는 작게나마 세상에 선한 에너지를 흘려보낸다. 그것이 나의 풍요 선언이고, 돈을 넘어 마음까지 부자가 되는 길임을 안다. 그리고 언젠가 나의 이 조용한 나눔이 누군가의 삶에 작은 희망이 되길 바란다. 그것이야말로 내가 꿈꾸는 부의 완성이다.

나눔은 결코 손해가 아니다. 그건 세상이 가장 정직하게 되갚아주는 투자이기 때문이다. 작은 나눔이 세상을 바꾸고 그 나눔이 나를 더 깊이 있는 부자로 만들어간다고 생각한다. 돈을 쓰는 방식이 곧 나의 에너지 방향이다. 그 에너지가 선하게 흐를 때, 삶은 놀라울 정도로 풍요로워진다. 그리고 이 장의 끝을 오프라 윈프리의 말로 마무리하고 싶다.

"Do what you love, give it back in the form of service, and you will do more than succeed. You will triumph(당신이 사랑하는 일을 하세요. 그리고 그것을 봉사의 형태로 세상에 돌려주세요. 그러면 단순한 성공을 넘어서, 진정한 승리를 거두게 될 것입니다)."

# 나의 '풍요 지수' 점검하기

① 내 돈의 흐름을 바라보기

현재 나의 자산과 부채를 정리해보자.

→엑셀이나 노트 한 장에 '순자산 계산표'를 만들어본다.

총자산: 현금, 예금, 부동산, 주식, 퇴직금 예상액 등

총부채: 대출, 카드값, 보증금 등

순자산=총자산−총부채

→ "내가 어디에 서 있는지 명확히 보는 것"이 풍요의 시작이다.

② 돈의 감정 기록하기

돈을 쓸 때, 혹은 쓸 생각만 할 때 내 안에 어떤 감정이 일어나는가?

- 불안, 죄책감, 아쉬움, 혹은 감사, 여유, 즐거움?

- 돈을 대하는 감정이 바로 '나의 풍요 에너지'다.

오늘 하루, 지출과 함께 떠오른 감정을 한 줄로 기록해보자.

(예: 커피 4,800원– "이 시간의 여유가 고맙다")

### ③ 나의 수입과 지출을 점검하기

지난 한 달간 고정 수입과 지출을 정리해보자.

필수 지출(주거, 식비, 교육비)

선택 지출(여가, 외식, 쇼핑 등)

→ 이 중 행복을 주는 소비는 무엇이고, 후회되는 소비는 무엇인가?

돈의 쓰임에 '감사'를 더할수록, 돈은 나를 돕는 친구가 된다.


### ④ 나의 '풍요 선언문' 쓰기

내가 이루고 싶은 경제적 자유의 형태는 무엇인가?

"나는 월 OOO만 원 시간부자가 되어 세계여행을 떠난다."

"나는 돈을 사랑하고, 돈은 나를 자유롭게 한다."

"내 삶은 풍요롭고 여유롭다."

→ 마음속 풍요 선언을 문장으로 써보고, 매일 아침 읽어보자.

# PART 5

# 진정한 행복은
# '자기 사랑'에 있다

# 우녀집에서 배운 균형의 법칙

$

나는 투자에 몰입하며 몸테크를 위해 이사하고, 일과 투자, 가정이라는 세 마리 토끼를 잡으려 무던히 애썼다. 나폴레온 힐의 『생각하라, 그리고 부자가 되어라』에는 "목표를 위해 무엇을 희생할 것인지 정하라"는 문장이 있다. 워킹맘으로도 충분히 바빴던 내게 '투자'라는 영역을 더한다는 건, 개인의 시간과 생활을 철저히 관리해야만 가능한 일이었다.

가장 먼저 한 일은 TV 끊기였다. 평소에도 자주 보진 않았지만, 주말이면 바보상자 앞에서 몇 시간을 흘려보내곤 했다. 그 시간을 차라리 나를 위한 투자와 학습에 쓰겠다고 가족들 앞에서 선언했다. 시간이 지나자 주말마다 세미나와 임장으로 바빠

져서 의지와는 상관없이 TV를 볼 겨를조차 없었다.

사적 모임이나 술자리도 최소화했다. 코로나 이후 회식이 줄어든 덕을 보기도 했고, 친구들과의 만남 역시 꼭 필요한 자리만 참석하며 시간을 관리했다. 아이들에게도 소홀하면 안 되니 주말에 세미나와 임장을 다녀오면서도 집에서는 아이들에게 집중하려 애썼다.

아이 둘의 스케줄을 관리하는 일은 워킹맘인 내게 가장 큰 숙제였다. 은행 업무 특성상 고객 응대 중엔 휴대폰을 볼 수 없어서 학원 상담과 스케줄 관리는 남편에게 맡겼고, 나는 남편이 대신할 수 없는 동네 엄마들과의 소통에 집중했다. 둘째가 초등학교 1학년일 때 육아휴직을 쓰며 맺은 인연들은 지금까지도 단순한 학부모 모임을 넘어 삶의 중요한 이웃이 되었다.

출퇴근길은 또 다른 학습의 장이었다. 출근길에는 동기부여 영상과 오디오북을, 퇴근길에는 경제와 부동산 관련 유튜브를 들으며 시간을 쪼개 썼다. 은행에서는 온전히 업무에 몰두했고, 퇴근 후에는 투자할 물건을 확인하고, 나만의 가치판단을 엑셀로 정리하며 주말 임장을 준비했다.

그렇게 2년간 회사·집·투자에 매달리다 보니 아이들에게 소홀한 부분이 생겨났다. 알면서도 외면했다. 승진 대상이었던 시기라 일에서도 최선을 다할 수밖에 없었다. 퇴사를 마음 한편에 두고 투자도, 승진도 놓치고 싶지 않았던 나는 정말 욕심쟁이였다. 두 마리 토끼를 잡느라 집에서 엄마만 바라보던 진짜 사랑스러운 토끼들을 놓치고 있었다. 아이들의 학교와 학원 생활에 대한 정보도 다른 엄마들에 비해 부족했고 관심도 부족했다. 가족이라면 이해해줄 거라 믿으며 늘 뒷전으로 미뤘지만 죄책감은 늘 나를 따라다녔다.

'얘들아, 조금만 참아줘. 엄마가 돈 많이 벌어서 그다음엔 더 여유 있게 시간을 함께할게.'

그러던 어느 날, 첫째가 "엄마는 자기 일만 하느라 나한테 관심이 없어"라며 툴툴거렸다. 순간 마음이 철렁 내려앉았다. 부모의 간섭을 싫어할 나이인 중2 아들이 그런 말을 했다는 건 내가 얼마나 무심했는지를 보여주는 뚜렷한 신호였다. 아이는 곧 방문을 닫고, 마음의 문까지 걸어 잠가버렸다. 그제야 나는 성취와 일에 중독된, 참 독한 엄마였다는 걸 알았다.

치열했던 2년이 지나 결국 승진도 했다. 하지만 어느 봄날, 샤워 중에 가슴에서 뭔가가 만져졌다. 늘 있던 물혹이라 대수롭지 않게 넘기려 했지만, 느낌이 이상했다. 검색해보니 암일 수도 있다는 글들이 눈에 들어왔고 두려움이 엄습했다.

'아프지 않은 게 오히려 이상했을지도 몰라……'

시간을 내 동네 병원에서 진찰을 받았는데 2cm가 넘는 혹이 보인다며 큰 병원으로 가보라고 했다. 의료 파업으로 대학병원 예약이 어려워 지인에게 수소문해 전문 병원을 찾아 조직검사를 받았다. '내가 조직검사를 받다니……' 머리가 하얘졌다. 검사 결과를 기다리며 며칠 동안 참 많이 울었다. 아이 둘을 낳을 때도 부끄러워서 여자 의사만 찾던 내가, 남자 의사 앞에서 반복해 검사를 받는 일이 너무 수치스럽게 느껴졌다. 사실 그보다 더 두려운 현실이 문제였지만, 서러움이 몰려왔다.

'무엇을 위해 이렇게 치열하게 살았나?'

'도대체 나를 얼마나 갈아 넣어야 행복해질 수 있단 말인가?'

'이렇게 암이라도 덜컥 걸리면 무슨 소용인가?'

후회와 자기 비판, 억울함과 연민이 한꺼번에 몰려왔다.

"하느님, 제발 암이 아니길…… 살려주세요. 살려주신다면 이제는 제 자신을 돌보고, 가족을 챙기며, 다른 사람을 돕고 살아가겠습니다."

가톨릭 신자라지만 냉담자였던 내가 그 순간만큼은 애타게 하느님을 찾고 있었다.

다행히 결과는 암이 아니었다. 하지만 혹이 커서 전체를 제거하고 조직검사를 한 번 더 해야 한다는 말을 들었다. 안도의 한숨을 쉬면서도 내 몸이 '이제는 조급함을 내려놓고, 욕심을 비우고, 천천히 가야 한다고. 경주마처럼 앞만 보던 걸음을 멈춰야 한다'고 내게 보내는 신호라는 생각이 들었다.

그날 이후로 없는 것에 집중하지 않고 가진 것에 감사하며 살아야겠다는 생각이 들었다. 특히 중2 아들의 사춘기를 겪으며,

엄마의 마음 상태가 아이에게 고스란히 전해진다는 사실을 절실히 알게 되었다. 늘 불안하고 예민했던 내 기운이 아이에게 영향을 주고 있었던 것이다. 결국 내가 원하는 삶은 단순했다. 마음의 평화, 그리고 아이들이 필요할 때 곁에 있어주는 것, 경제적 자유는 그다음이었다.

첫째의 방황과 수술 이후, 퇴사 결심은 더욱 확고해졌다. 내 몸과 삶, 가정의 균형을 위해 더 늦기 전에 회사를 떠나야 했다. 무엇보다 목표를 이루는 방법을 알게 된 지금, 무엇을 시작하든 해낼 수 있다는 확신이 있었다.

이제 나는 내가 좋아하고, 잘하고, 의미 있다고 느끼는 일을 하며 살아가고 있다. 현재 자의든 타의든 어떤 문이 닫혀 좌절한 분이 있다면, 그곳만 바라보며 울지 않았으면 한다. 반드시 다른 문이 있다. 내가 그 문을 열 용기와 계속 나아갈 힘만 있다면, 성과는 반드시 따라온다. 단 한 번이라도 내가 선택한 길에서 작은 성과를 맛보게 된다면, 다음 도전은 훨씬 더 쉬워진다. 도전은 언제나 불편함을 동반한다. 그러나 그 불편함은 성장으로 가는 길이다. 두려움의 강을 건너고 나면 우리는 더 단단해져 있을 것이다. 늦은 때란 없다. 그러니 아슬아슬한 출렁다리라 해도 실눈을 뜨고 한 발 한 발 걸어가자. 어느새 흔들리던 다리는 단단한 시멘트 바닥으로 바뀌어 있을 것이고, 실눈으로 걷던 우리의 눈에는 총기가 가득 차 있을 것이다.

"성공은 단단한 땅 위에서 시작되는 게 아니라, 흔들리는 다리 위에서 용기 내 딛는 한 걸음에서 시작된다."

# 내가 자기 사랑을 말하는 이유

$

우리는 오랫동안 행복을 '도달해야 하는 목표'로 배워왔다. 좋은 대학에 가야, 결혼에 성공해야, 집을 사야 행복할 수 있다고 믿으며 달려왔다. 하지만 그 길 끝에는 늘 공허함이 기다리고 있었다. 무언가를 이루었음에도 만족감은 잠시뿐, 다음 목표가 정해지면 다시 불안이 찾아왔다. 그 이유는 단순하다. 행복의 근원을 '외부 성취'에 두었기 때문이다.

그러나 진정한 행복은 언제나 '내 안에서 나를 어떻게 대하느냐'로부터 시작된다. 심리학자 크리스틴 네프(Kristin Neff)는 자기 사랑의 핵심을 '자기 연민'이라 정의했다. 자기 연민이란, 자신을 비판하거나 몰아붙이는 대신, 인간이라면 누구나 실수할 수 있음을 인정하고 그럼에도 자신에게 따뜻함을 건네는 태도다. 그녀는 수많은 연구를 통해 자기 연민이 높은 사람은 불안·우울·완벽주의에서 더 빨리 회복하고, 삶의 만족감과 타인에 대한 공감 능력도 높다는 결과를 발표했다.

즉, 자기 사랑은 단순한 감정이 아니라 심리적 복원력을 높이는 과학적 태도인 것이다. 이 개념은 긍정 심리학의 창시자 마틴 셀리그먼(Martin Seligman)의 이론과도 맞닿아 있다. 그는 행복을 '쾌락적 즐거움'이 아니라 '삶의 몰입과 의미'에서 찾았다.

그리고 그 출발점은 '자기 수용'이다. 자기 자신을 있는 그대로 받아들이지 못하는 사람은 어떤 성취 속에서도 불안과 비교의 늪에서 벗어나지 못한다. 과거의 내가 그랬다. 크고 작은 성취의 목표를 앞에 두고 하나씩 통과할 때마다 잠시 안도하고 다시 다음 목표를 위해 나를 갈아 넣었다. 성취와 인정에 사로잡혀 내면의 목소리를 듣지 못한 채 외면의 소리에만 잔뜩 귀 기울이며 불안과 초조, 공허 속에서 살았다.

반면 자신을 사랑하는 사람은 작은 일에서도 의미를 찾고, 삶의 과정 전체를 성장의 여정으로 바라본다. 행복은 완성의 순간이 아니라 자기 수용의 상태로부터 피어난다.

나는 과거, 자기 사랑이 부족했던 시절의 나를 또렷이 기억한다. 항상 "아직 부족하다"는 생각에 시달렸고, 조금만 쉬면 불안했다. 타인과 비교하며 스스로를 다그쳤고, 칭찬보다 비판과 작은 지적에 민감하게 반응했다.

그때의 나는 겉으로는 잘 살아가는 사람이었지만, 내면은 늘 결핍되어 있었다. 자존감은 타인의 평가에 흔들렸고, 행복은 미래의 어딘가에 있을 거라 믿었다.

그런 내가 변하기 시작한 것은 감정을 있는 그대로 수용하기 시작하면서였다. 불안하면 불안한 대로, 슬프면 슬픈 대로 그 감정을 억누르지 않고 바라보았다. 마음챙김 명상에서 배운 방식이었다. 마음챙김의 핵심은 '판단하지 않고 알아차리기'다. 이는 불쾌한 감정을 없애려는 시도가 아니라, 그 감정이 나를 지나가도록 허락하는 연습이다.

이 과정을 반복하면서, 나는 점점 '감정의 주인'이 되어갔다. 감정에 끌려다니던 삶이 감정을 이해하고 다루는 삶으로 바뀌었다. 하버드 의대 심리학자 수전 데이비드(Susan David)는 말했다. "감정은 지시가 아니라 데이터다."

우리는 감정을 드러내고 그 가치를 발견할 수 있지만 이는 그 감정에 필요 이상으로 흔들리지 않고도 가능하다. 화가 나면 화라는 감정을 느낄 수는 있지만 화로 인해 소리를 질러야 한다는 식의 지시가 되어서는 안 된다는 것이다. 감정과 나를 분리시키라는 의미다.

감정은 우리를 이끌어야 할 명령이 아니라, 우리가 무엇을 느끼고, 무엇을 소중히 여기는지 알려주는 정보다. 감정을 억누르지 말고, 그 속에 담긴 메시지를 읽어내는 순간 우리는 감정의 노예가 아닌 주인이 된다.

이 말처럼, 감정을 수용하는 행위는 곧 자기 사랑의 시작이다. 자신의 내면을 존중하지 않는 사람은 그 누구의 사랑도 온전히 받을 수 없다. 결국 나를 사랑한다는 건 '지금의 나를 있는 그대로 괜찮다고 느끼는 것'이다.

자기 사랑이 내 삶을 어떻게 바꿨는지를 이야기하자면, 가장 먼저 떠오르는 것은 '관계'다. 예전에는 누군가의 칭찬이나 인정을 받지 못하면 쉽게 상처받고, 내가 한 말에 대한 자기검열을 하곤 했었다. 하지만 나를 사랑하기로 결심한 후 예전보다 타인의 반응에 흔들리지 않게 되었다.

"내가 나를 괜찮다고 생각한다면, 그걸로 충분하다"는 내면의 확신이 생기면서 오히려 관계는 더 부드럽고 자유로워졌다. 그리고 생각보다 사람들은 나에 대해 관심이 없다는 걸 깨달았다. 모두 자신의 일에 몰두되어 있고, 나 역시 그랬다.

타인을 바꾸려 하지 않게 되었고, 내가 사랑을 줄 수 있는 여유가 생겼다. 나를 용서할 줄 아는 사람만이 타인을 진심으로 용서할 수 있다는 것을 그때 알았다.

일에서도 변화가 있었다. 예전에는 성과 중심적 사고로 스스로를 채찍질했지만, 지금은 과정과 배움에 집중한다. 어떤 프로젝트에 참여할 때 '어떤 성과가 날 것인가'의 초점보다는 '이 일을 통해 나는 어떤 것을 배우고 성장할 수 있을까'에 초점을 맞춘다. '오늘의 나'를 인정하고 칭찬하는 작은 습관이 놀랍게도 집중력과 생산성을 높였다.

하버드대의 긍정 심리학 연구에서도 '자기 긍정'을 실천하는 사람은 스트레스 상황에서도 전전두엽 활동이 안정되어 더 창의적인 판단을 내릴 수 있다고 보고했다. 즉, 자기 사랑은 단순한 감정 관리가 아니라 두뇌의 회복탄력성과 문제 해결력을 높이는 생물학적 기반이기도 하다. 행복은 결코 무언가를 이룬 뒤에 찾아오는 보상이 아니다. 그것은 지금의 나를 충분히 괜찮다고 느낄 때, 내 감정을 있는 그대로 수용할 때, 나를 돌보는 작은 습관을 지켜낼 때 피어나는 내면의 상태다.

자기 사랑이란 완벽한 나를 만드는 일이 아니라, 불완전한 나를 품는 일이다. 그 불완전함을 껴안는 순간, 우리는 완전해진다. 내가 나를 부드럽게 대하는 하나의 선택이며, 선택이 쌓여 나의 현실을 바꾼다. 진정한 행복은 '자기 수용의 과정' 속에 있다. 내가 나를 사랑하기 시작했을 때, 세상도 나를 더 따뜻하게 대하기 시작했다.

모든 끌어당김의 근원은 결국 자기 사랑의 에너지다. 그 에너지가 있을 때, 우리는 비로소 진짜 원하는 삶을 끌어당긴다.

# 내 아이를 대하듯 자신을 대하라

$

"지금 행복해야 성공할 수 있다."

많은 성공한 사람들이 강조하는 말이다. 하지만 나는 고개가 갸웃거려졌다.

'부자가 되고 경제적으로 성공해야 행복해지는 거 아닌가? 난 아직 멀었는데, 지금 행복하라고?'

아마 이 글을 읽는 당신도 같은 물음표를 띄우고 있을지 모른다. 나 역시 그랬다. 지금도 여전히 '현재에 행복하기로 결단하는 것'을 훈련 중이다. 삶은 늘 행복할 수만은 없다. 고통과 우여곡절이 있기에 행복이 찾아왔을 때 비로소 그 소중함을 온전히 느낄 수 있는 것이다. 하지만 나는 한때 이렇게 생각했다.

'내가 회사를 그만두면, 월세 세팅이 끝나면, 부자가 되면…… 그때 진짜 행복해질 수 있겠지.'

그런데 만약 욕심과 목표를 다 이루고 난 뒤 힘없는 노인이 된다면? 아니, 미래의 행복만 좇다 어느 날 갑작스러운 사고로 생을 마친다면? 그 순간 얼마나 사무치게 후회할까? 나는 늘 스스로에게 물었다.

'만약 지금의 평범한 삶이 흔들린다면, 나는 지금까지의 선택에 만족할 수 있을까?'

은행원으로 살다 불의의 사고로 세상을 떠난다면, 후회하지 않을까? 그 답은 분명했다. 나는 책임감으로 버텼을 뿐, 그 안에서 행복을 느끼지 못했다. 막연히 '은행을 그만두고 다른 일을 하면 행복할 것'이라고 믿었다. 무엇보다 한 가지 직업만으로 생을 마감하고 싶지 않았다. 내 안의 무한한 가능성과 잠재력을 시험해보고 싶었다.

그런데 행복하기로 결심하는 일은 왜 이토록 어려울까? 지금 가진 것에 감사하는 것, 있는 그대로의 나를 사랑하는 것, 남과 비교하지 않고 나답게 살아가는 것…… 이 단순한 것들이 정말 그렇게 꿈같은 이야기일까? 나는 아니라고 말하고 싶다. 우리 모두는 이미 원하는 삶을 살 수 있는 잠재력을 품고 있다. 다만 사회가 씌운 흙먼지를 털어내지 못해 그 빛을 드러내지 못할 뿐이다.

나는 아이를 키우면서 이 사실을 더 절실히 깨달았다. 한국의 교육제도는 여전히 과거와 크게 달라지지 않았다. 고입을 앞둔 아들을 보며 충격을 받았다. 나 역시 부모로서 입시라는 현실에 타협하지 않을 수는 없었다. 그러나 동시에, 아이가 무엇을 좋아하고 잘하는지 다양한 경험을 통해 찾게 해주는 건 부모의 몫이라 믿었다. 다행히 첫째는 어릴 때부터 자동차를 좋아했고, 지금도 그 길을 향해 나아가고 있다. 나는 결과에 연연하지 말고 과정에 최선을 다하자고 늘 이야기한다.

부모는 아이의 우주다. 내가 은행원으로만 살았다면, 아이에게 보여줄 수 있는 세계 역시 직장인의 울타리 안에 갇힌 것들뿐이었을 것이다. 하지만 지금 나는 투자자, 작가, 인플루언서, 자기계발 커뮤니티 운영자 등 다양한 정체성을 쌓아가며 더 큰 우주를 보여주고 있다. 내가 한계를 깨고 새로운 우주를 확장할수록 아이가 꿈꿀 수 있는 가능성의 크기도 커진다.

니체는 인간의 정신적 발전을 세 단계로 설명한다.

첫 번째는 낙타다. 사회의 요구를 짊어지고 묵묵히 인내하는 단계로, 회사에 입사해 책임을 다하던 내가 바로 그랬다.

두 번째는 사자다. "너무 오래 참아왔다"고 외치며 자유를 향해 싸운다. 기존의 권위와 가치를 거부하고 자신만의 길을 찾는다. 친정집의 재정 위기를 겪고 투자의 길을 선택한 나는 이 시기를 지나고 있었다.

세 번째는 어린아이다. 순수하고 자유로우며 모든 것을 새로운 눈으로 바라보는 단계다. 지금 글을 쓰고, 안정된 직장을 떠나 새로운 길을 걷고 있는 내가 바로 그렇다.

사직원을 제출하고 며칠 뒤, 복잡하던 마음에 평화가 찾아왔다. 홍대 근처 창작자 카페에 앉아 있자니 20대의 내가 떠올랐다. 음악을 사랑하고, 자유분방하게 미술 거리를 거닐던 시절의 설렘이 다시 돌아왔다. 그때 '인간은 자유롭기 위해 태어났다'는 것을 깨달았다. 그래서 아이들이 공부와 경쟁에 짓눌리지 않고, 각자의 자유와 흥미를 찾아가길 바랐다. 나는 먼저 경제적 자유를 이루고, 아이들에게 부의 교육을 전하며 더 넓은 세상을 경험하게 해주고 싶었다. 그 일환으로 독서와 멘토들을 통해 있는 그대로의 나를 사랑하기로 결심했다. 방법은 서툴렀지만 다짐은 분명했다. 나 자신을 사랑하기로 결단한 뒤 매일 아침 눈을 뜨면 이렇게 선언했다.

"나는 내가 좋다."
"나는 있는 그대로의 나를 사랑한다."
"나는 행복한 사람이다."

처음엔 어색했지만, 매일 긍정 확언을 반복하며 내 존재가 인정받는 듯했고, 점점 나를 좋아하게 되었다. 산책을 하면서도 스스로에게 질문을 던졌다.

'나는 무엇을 좋아하지?'

'나는 언제 행복하지?'

'한 달 뒤 죽는다면 지금 무엇을 하고 싶을까?'

답은 단순했다. 마음의 평화, 내가 원하는 일을 하는 자유, 엄마로서 아이들 곁에 있는 시간. 많은 사람들은 자신이 진정으로 원하는 게 무엇인지조차 모른 채 평생을 살아간다. 나는 말하고 싶다. 자신을 아이처럼 돌보라고. 내 아이에게 해주듯 나 자신에게도 먹이고, 입히고, 하고 싶은 일을 허락하라고. 그 순간부터 우리는 진짜 나를 찾아갈 수 있다.

책을 쓰며 나는 상처투성이의 나를 세상에 드러냈다. 그 과정을 통해 마침내 '있는 그대로의 나'를 사랑할 수 있게 되었다.

"당신이 지금 그대로 충분히 괜찮다는 걸 믿는 순간, 행복은 먼 미래가 아니라 바로 오늘이 된다."

이 세상에 단 하나뿐인 나, 그리고 당신. 사랑하고 아끼지 않을 이유는 없다. 내일 아침 눈을 뜨면, 거울 속 나에게 이렇게 말해보자.

"나는 내가 좋다. 나는 내가 참 사랑스럽다."

# 내 영혼의 목소리를 믿는 삶

$

진정한 자기 사랑은 결국 나답게 살아가는 것이다. 남들이 옳다고 말하는 길을 묵묵히 따라가는 것이 아니라, 내 안에서 들려오는 목소리에 귀 기울이고 그 길을 믿고 걸어가는 것이다. 나는 오랫동안 성실한 직원으로 살아왔다. 부모님의 기대에 부응하고, 사회가 말하는 '안정적인 길'을 따라 큰 기업에 입사해 결혼하고 아이를 키우며, 남들이 보기에는 흠잡을 데 없는 삶을 살았다. 그러나 내 안은 늘 공허했다. 영혼이 꽉 닫힌 듯한 답답함, '이 길이 정말 내가 원하는 길일까?'라는 질문이 매일 같이 따라다녔다.

퇴사를 고민하던 어느 날, 나는 우연히 유튜브에서 '러브포레

스트'라는 분을 알게 되었다. 신기하게도 나와 참 닮은 삶을 걸어온 사람이었다. 학창 시절 모범생이었고, 서울의 대학을 나와 공기업에 취업했지만, 결국 "이 길은 나의 길이 아니다"라는 내면의 소리에 귀 기울여 과감히 퇴사했고, 지금은 세계 여행을 하는 사람이었다. 그녀의 이야기가 내 마음에 쿵 하고 꽂혔다. '나도 언젠가 저런 선택을 할 수 있을까?' 마치 나에게 직접 말을 거는 듯한 울림이었다.

그녀가 들려준 한 장면이 특히 강렬했다. 퇴사를 결정하고 짧은 여행을 떠났을 때 탔던 택시의 번호판이 8888이었고, 숙소 방 번호는 909, 다음 날 마주친 간판에는 999-9999라는 숫자가 쓰여 있었다는 것이다. 우연이라 하기엔 신비로운 경험, 마치 새로운 챕터로 들어섰다는 신호와 같았다고 했다. 그 이야기를 들으며 '나도 저런 신호를 받을 수 있다면 얼마나 좋을까' 하고 간절히 바랐다. 그런데 퇴근길에 내 눈앞에 선명하게 나타난 건 바로 '1004'라는 번호판이었다. 순간, 온몸에 전율이 흘렀다.

"보은아, 지금 네가 하고 있는 생각대로 해도 돼. 네 안의 목소리를 믿어."

누군가 이렇게 속삭여주는 것만 같았다. 눈물이 왈칵 쏟아졌다. 그때가 내 인생의 첫 번째 '노잉(Knowing)'이었다.

그날 퇴근길 내내 8880, 0999, 1155 같은 평소에는 잘 보이지 않던 차량 번호판 숫자들이 연달아 눈에 들어왔다. 차 안에서 혼자 기쁨과 벅참에 울던 순간, 이것은 단순한 우연이 아니라 내 영혼이 보내는 내면의 신호라는 것을 알았다. 안도 미후유 작가는 『노잉』에서 이렇게 말한다.

"노잉은 우리가 몰라도 이미 알고 있는 어떤 확신, 미래에서 오는 메시지와도 같다."

은행원 시절의 나는 직관보다 계산과 확실한 증거를 더 믿는 사람이었다. 그러나 그날만큼은 달랐다. 설명할 수 없는데도 그 숫자들이 분명히 나를 지켜주는 천사의 신호 같았다. 그리고 마음 깊은 곳에서 "지금이야말로 내가 원하는 삶을 향해 나아가야 한다"라는 확신이 차올랐다.

비슷한 경험은 고명환 작가님의 강연을 들으면서도 찾아왔다. 강의를 듣던 중 '나도 책을 써야겠다'는 강렬한 생각이 번개처럼 스쳤다. 한 번도 생각해본 적 없는 꿈이었지만, 그날의 직감은 달랐다. 무라카미 하루키가 야구 경기장에서 문득 "소설을 써야겠다"는 확신을 얻고 글을 시작했던 것처럼 내게도 영혼이 보내는 불가항력적인 신호가 있었다. 그 직관이 결국 나를 켈리 최 회장님의 백일장으로 이끌었고, 대상을 거쳐 출판사와의 계약까지 이어졌다. 돌이켜 보면 모든 과정이 술술 풀린 이유는 그 일이 내 영혼이 원하던 길이었기 때문이라고 생각한다.

돌아보면 내 삶 곳곳에는 단순한 우연이라고 치부할 수 없는 '노잉'의 흐름이 있었다. 마음 깊은 곳에서 울린 작은 목소리, 눈앞에 펼쳐진 숫자의 신호, 우연처럼 만난 책과 강연들…… 이 모든 것이 나를 지금의 자리까지 데려왔다.

진정한 자기 사랑은 내 영혼의 목소리를 믿고 따라가는 것이다. 내 영혼은 언제나 나를 더 나은 길로 인도해왔고, 나는 이제 그 목소리를 신뢰한다. 언젠가 내 이야기를 책으로 세상에 전하겠다는 결심 역시 그 목소리에서 비롯된 것이다. 나는 그 신호들을 따라 한 걸음씩 걸어왔고, 지금도 여전히 그 길 위에 서 있다. 그리고 이 길 끝에는 내가 꿈꾸던 경제적 자유와 내면의 충만함이 반드시 기다리고 있다는 것을 믿는다.

# 감정을 수용하는 다섯 단계

$

나는 한때 내 감정을 있는 그대로 받아들이는 것이 얼마나 어려운 일인지 깊이 깨달은 적이 있다. 우리는 힘든 감정이 올라올 때 그것을 외면하거나 억누르며 살아간다. "괜찮아, 아무렇지 않아"라며 스스로를 속이고, 오히려 그 감정을 덮어버리는 데 익숙하다. 하지만 억눌린 감정은 결코 사라지지 않는다. 마치 땅속에 묻힌 씨앗처럼, 언젠가는 다시 싹을 틔우고 더 크게 자라나 우리의 삶을 흔들어 놓는다.

나 역시 그런 과정을 반복하며 살았다. 어린 시절, 친한 친구들로부터 잠시 따돌림을 당했던 경험이 있었다. 반 전체가 아니라 일부 무리였지만, 그 기억은 내 안에 깊은 그림자처럼 남았다. 쉬는 시간마다 책상에 얼굴을 묻고 있던 나의 모습이 지금 도 선명하다. 다가와주는 친구도 있었지만 그마저도 거절했다. '친한 무리에서 소외당했다'는 사실이 드러나는 게 더 두려웠기 때문이다.

성인이 된 후, 명상 세션에서 그때의 나를 다시 마주했다. 눈을 감자 어린 시절의 내가 보였다. 여전히 슬픔 속에 갇혀 있었고, 아무도 자신을 돌보지 않는다고 느끼고 있었다. 나는 성인이 된 나로서 다가가 그 아이를 꼭 안아주었다.

"괜찮아, 네 잘못이 아니야. 나는 널 사랑해. 나는 지금 너와 함께 있어."

그 말을 건네자 눌려 있던 감정이 서서히 녹아내렸다. 그 경험은 내게 큰 울림을 주었다. 감정을 억누르는 게 아니라 있는 그대로 바라보고 받아들일 때 비로소 치유가 시작된다는 사실을 깨우쳐준 것이다. 내면아이 치유 명상에서 나는 책상에 엎드려 있던 그 시절의 나를 꺼내와 따뜻한 욕조에서 깨끗이 씻겨주는 장면을 떠올렸다. 고통스럽지만 동시에 치유가 일어났다. 부모님조차 알지 못했던 내 상처를, 어른이 된 내가 직접 다가가 보듬어준 것이다. 그 세션을 여러 번 반복하면서 내 안의 오래된 상처가 조금씩 아물어갔다.

그럼에도 나는 여전히 누군가에게 먼저 다가가는 일이 쉽지 않다. 관계에서 먼저 손을 내미는 것이 얼마나 큰 용기와 배려

인지를 너무 늦게 알았다. 그러다 둘째 아들의 고백에 놀란 일이 있다. 쉬는 시간에 자신이 싫어하는 친구가 다가와도 거절하지 못하고, 친해지고 싶은 친구에게는 다가가지 못한다는 것이다. 내 어린 시절 모습 그대로였다. 자기 속마음을 잘 드러내지 않는 아이라 더 마음이 아팠다. 혹시 내가 겪었던 상처를 아이도 반복하는 건 아닐까 겁이 났다. 그래서 아이에게 솔직히 털어놓았다.

"엄마도 친구들한테 먼저 다가가지 못해서 쉬는 시간에 엎드려 있던 적이 많았어. 그런데 지나 보니 먼저 다가가는 연습이 꼭 필요하더라."

그러면서 아이와 함께 대화 주제를 찾아보고 "오늘은 누구에게 다가갈까?"를 연습했다. 아이는 금세 표정이 밝아지며 "엄마, 나 잘할 수 있을 것 같아!" 하고 활짝 웃었다.

나는 무심한 엄마가 되지 않으려 노력하지만, 성격상 쉽지 않은 때도 있다. 그래서 늘 다짐한다. 혹여 내가 모르는 상처가 아이에게 생기더라도, 그 감정을 억누르지 않고 다룰 줄 아는 사람으로 자라도록 돕고 싶다. 결국 아이에게도, 나 자신에게도 가장 중요한 것은 '자기 사랑'이다. 스스로를 있는 그대로 안아주고 돌볼 수 있는 힘, 그것이야말로 어떤 상처 앞에서도 무너지지 않는 단단한 기반이 된다.

## 감정을 수용하는 방법

나는 감정 수용을 하나의 훈련이라고 생각한다. 억눌려 있던 감정을 끌어올려 직면하는 과정은 결코 쉽지 않다. 하지만 방법은 분명히 있다. 내가 직접 경험한 방법 중 하나를 소개한다.

### ① 감정에 이름 붙이기

마음이 복잡할 때 가장 먼저 해야 할 일은, 지금 내가 어떤 감정을 느끼는지 알아차리는 것이다. "나는 지금 불안하다", "나는 외롭다", "나는 화가 난다" 이렇게 구체적으로 말로 표현하면 막연했던 감정이 뚜렷한 대상으로 바뀐다.

뇌과학 연구에 따르면, 감정을 언어로 표현하는 것만으로도 뇌의 편도체 반응이 진정되고 감정의 강도가 완화된다고 한다. 즉, 감정에 이름을 붙이는 행위만으로도 마음이 조금은 가벼워지는 것이다.

### ② 감정과 대화하기

감정을 억누르거나 몰아내려 하지 말고, 차라리 그 감정에게 말을 걸어보자.

"너는 왜 지금 내 앞에 나타났니?"

"나에게 무슨 메시지를 전하고 싶은 거니?"

감정은 결코 적이 아니다. 오히려 나를 지켜주기 위해 등장한 신호다. 불안은 안전을 확보하라는 사인이고, 화는 나의 경계를 지켜달라는 외침이다. 감정은 불청객이 아니라 내 삶을 보호해 주는 동반자임을 기억하는 순간, 우리는 감정을 두려워하기보다 이해하고 활용할 수 있다.

### ❸ 내 안의 어린아이와 만나기

상처받은 감정의 뿌리를 따라가다 보면, 어린 시절의 나와 마주하게 된다. 나는 명상 중에 그 아이를 보았다. 여전히 교실 책상 위에 엎드려 있던 모습이었다. 그 아이를 있는 그대로 안아주며 조용히 속삭였다.

"너는 혼자가 아니야."

그 순간 마음속 깊은 곳에서 조금씩 치유가 일어났다.

독자들도 명상을 통해 자신의 내면아이(Inner Child)를 만날 수 있다. 의식적으로 상상하고, 어른이 된 내가 어린 나를 따뜻하게 안아주는 연습을 해보자. 그 단순한 행위가 오래 묵은 상처를 풀고, 내 안의 힘을 회복하는 시작이 된다.

### ❹ 감정을 종이에 써 내려가기

감정을 마주하기가 힘들다면, 종이에 그대로 써 내려가 보자.

"나는 오늘 화가 났다. 그 화는 억울함 때문이었다. 나는 인정받고 싶었다."

이런 식으로 감정의 껍질을 하나씩 벗겨내다 보면, 감정의 본질이 드러난다. 글로 적는 순간 감정은 더 이상 나를 압도하지 않는다. 기록은 감정을 안전하게 흘려보내는 통로가 되어 마음을 한결 가볍게 만든다.

### ⑤ 나를 위로하는 말 건네기

감정을 수용하는 마지막 단계는 자기 위로다. 이것은 자기 연민이 아니라, 스스로에게 따뜻한 말을 건네는 훈련이다. 나는 명상 중에 이렇게 속삭였다.

"괜찮아, 네 잘못이 아니야."

누군가에게 듣지 못한 그 말을, 이제는 내가 나에게 해주는 것이다. 놀랍게도 그 짧은 한마디가 무너졌던 마음을 부드럽게 감싸 안아주었다.

감정을 수용한다고 해서 문제가 곧바로 사라지는 것은 아니다. 하지만 감정을 억누르지 않고 인정하는 순간, 더 이상 그 감정에 끌려다니지 않게 된다. 나는 이 연습을 통해 불안이 찾아오면 "그래, 네가 또 왔구나" 하고 받아들일 수 있었고, 분노가 치밀어 오를 때는 "네가 내 경계를 지키고 싶구나"라고 이해할 수 있었다. 물론 언제나 평정심을 유지하는 것은 아니다. 시간이 한참 흐른 뒤에야 "왜 그렇게 화가 났지?", "왜 그때 불안했지?" 라고 뒤늦게 반추하는 경우도 많다. 중요한 건 감정이 나를 무너뜨리는 적이 아니라, 삶을 지켜주려는 신호라는 사실을 알게 된 것이다.

내가 내 안의 어린아이를 안아주었듯, 독자들도 자기 안의 상처 입은 아이를 만나길 바란다. 우리는 모두 어린 시절의 상처를 안고 살아간다. 그러나 성인이 된 지금은 그 아이를 돌볼 힘이 있다. 외면했던 감정을 직면하고 그 아이를 안아줄 때, 진정한 자기 사랑이 시작된다.

감정 수용은 자기 연민(Self-Compassion)의 핵심이다. "나는 충분히 괜찮다"라는 자기 긍정이 바로 여기에서 비롯된다. 실제로 하버드 의과대학 연구에 따르면, 감정을 억누르지 않고 받아들이는 훈련은 장기적으로 우울과 불안을 줄이고 삶의 만족도를 높여준다. 감정을 피하지 않고 마주하는 용기가 우리를 더 강하게 만든다.

혹시 지금 당신 안에 눌러둔 감정, 외면한 두려움, 오래된 상처가 있는가? 그렇다면 오늘 단 10분이라도 조용히 눈을 감고 내면의 아이를 떠올려 보자. 그 아이는 아직도 울고 있을지 모른다. 그때 당신은 어른으로서 다가가 이렇게 말해줄 수 있다.

"괜찮아. 나는 언제나 네 곁에 있어."

그 순간 치유가 시작된다. 감정 수용은 거창한 기술이 아니다. 그저 나를 있는 그대로 바라보고 안아주는 일이다. 그러나 그 단순한 경험이 우리를 성장하게 하고, 깊은 자기 사랑으로 이끌어 준다.

# 비교에서 벗어나 나를 사랑하는 길

$

나는 언제부터인가 끊임없는 비교의 무대 위에서 살아왔다.

학창 시절, 내 존재를 증명하는 가장 확실한 방법은 성적표였다. 시험이 끝나면 나보다 점수가 높은 친구가 누구인지, 평균보다 내가 위인지 아래인지에 따라 하루의 기분이 오르락내리락했다. 잘하면 칭찬받고, 조금만 뒤처지면 금세 초라해졌다. 그 시절의 나는 '점수=나의 가치'라는 공식 속에서 살았다.

대학에 들어가서도 크게 다르지 않았다. 자유로운 캠퍼스의 공기 속에서도 결국 나를 옥죄는 건 학점과 경쟁이었다. 장학금을 받기 위해, 좋은 회사에 취업을 위해, 나와 함께 웃던 친구조차 시험이 다가오면 경쟁자가 되었다. 어제까지는 어깨동무하던 친구였는데 성적이 공개되는 순간 우리는 서로의 위치를 가늠했다. 그때부터 웃음 뒤에 미묘한 긴장감이 흘렀다.

사회에 나와 은행원이 되었을 때는 비교의 무게가 훨씬 더 커졌다. 성적표와 학점 대신 영업 실적이라는 냉정한 기준이 기다리고 있었다. 실적 보고, 상사의 피드백은 나를 한순간에 위로 끌어올리기도 하고, 밑바닥으로 내동댕이치기도 했다. 특히 후배가 나보다 뛰어난 성과를 내기라도 하면 내 마음은 송두리째 무너졌다. "나는 뭐하고 있는 걸까? 나는 부족한 사람인가?" 후배의 성과는 후배의 몫일 뿐인데, 나는 그것이 곧 내 부족함을 증명하는 것처럼 받아들였다. 열심히 일해도 내 위치가 초라해 보였고, 매일 괴로움과 초조함 속에서 하루를 보냈다.

그러던 내가 조금씩 변하기 시작한 건 자기계발을 접하면서였다. 책을 읽고, 강연을 듣고, 일기를 쓰며 스스로를 돌아보자 아주 단순하지만 강력한 진리를 알 수 있었다.

"내 인생은 내 속도대로!"

다른 사람과 비교해 더 잘해야 한다는 집착을 내려놓자 마음이 한결 가벼워졌다. 내 목표에만 집중하기 시작했을 때 신기하게도 다른 사람의 성과가 잘 보이지 않았다. 마치 마라톤에서 다른 주자를 의식하며 달릴 때는 금세 지치지만, 내 호흡과 내 발걸음에만 집중하면 훨씬 멀리 달릴 수 있는 것처럼. 물론 질투라는 감정이 완전히 사라진 건 아니다. 누군가가 큰 성취를 이루었다는 소식을 들으면 아직도 마음속에 부러움과 비교심이 스멀스멀 올라온다. 하지만 예전처럼 그 감정을 부끄러워하지 않는다. 누군가의 성취에 질투심이 든다면 그것은 내 안에도 같은 욕망이 있기 때문이다. 질투는 내가 가고 싶은 방향을 보여주는 거울이었다. 그 사실을 알게 되자 감정을 억누르는 대신 에너지로 전환해 성장의 원동력으로 삼을 수 있었다.

나는 조금씩 나 자신을 더 깊이 이해하게 되었다. 여전히 부족하고, 여전히 성장하는 중이지만, 이제는 '누구보다 앞서야 한다'는 강박이 아니라 '어제의 나보다 조금 더 나아지면 된다'는 기준으로 살고 있다. 그 순간부터 삶은 훨씬 단순해지고 가벼워졌다. 작은 성과에도 기쁨을 느끼고, 어제보다 나아진 오늘의 나를 스스로 칭찬할 수 있게 되었다.

돌아보면 자기 사랑은 거창한 것이 아니다. 비교의 무대에서 내려와 나에게 온전히 집중하는 것, 남과 경쟁하며 소모되던 마음을 돌려서 내 목표, 내 속도, 내 성장을 바라보는 것, 그리고 질투마저 성장을 위한 연료로 바꿀 수 있는 용기, 그것이 곧 나를 사랑하는 방법이었다.

오늘도 나는 어제보다 조금 더 나은 나를 만들기 위해, 나만의 속도로 걸어간다. 그 길 위에서 비로소 나는 나를 진정으로 사랑하게 된다.

# 에너지를 채우면 삶이 달라진다

$

우리는 눈에 보이지 않는 원자들로 이루어져 있다. 그리고 그 원자는 끊임없이 진동하는 에너지의 형태로 존재한다. 결국 우리는 '에너지'이자, 그 에너지가 만들어내는 파동 그 자체다. 그래서 몸과 마음을 잘 돌본다는 건 결국 내 에너지를 관리하는 일과 같다. 어떤 사람을 처음 만났을 때, 설명할 수 없는 호감과 생기가 느껴질 때가 있다. 반대로 몇 분도 지나지 않았는데 벌써 지쳐 보이고, 무거운 공기를 끌어안은 듯한 사람도 있다. 이 차이는 단순한 성격이 아니라 '에너지 관리'에서 비롯된다.

나는 오랫동안 늘 소진된 쪽에 가까운 사람이었다. 은행에서는 실적과 마감에 쫓기고, 집에서는 아이들과 씨름하느라 정작 나는 어디에도 없었다. "나는 도대체 누구지?"라는 질문은 늘 내 마음 한구석에 매달려 있었다. 시간 관리, 일 관리 같은 개념은 내게 사치처럼 느껴졌고 하루하루 밀려오는 과업을 겨우겨우 처내는 것만으로도 벅찼다. 그런 내가 '에너지 관리'라는 단어를 입에 올린다는 건 낯설고도 부담스러운 일이었다.

하지만 시간이 지나며 '내가 지쳐 있으면 일도, 관계도 풀리지 않는다'는 사실을 경험했다. 아무리 애써도 결과가 따라주지 않았고, 사람과의 대화도 자꾸 삐걱거렸다. 결국 내가 맞닥뜨린 많은 문제의 뿌리는 '에너지 고갈'에서 시작되고 있었다. 그래서 조금씩 내 에너지를 회복시키는 방법을 찾아 나섰다. 책을 읽고, 책 속 저자들의 습관을 흉내 내기 시작했다. 처음에는 억지로 따라 하는 수준에 불과했지만, 반복하면서 내 몸과 마음에 맞는 방법들이 하나둘 쌓여 갔다. 작은 실험들이 내 삶을 바꾼 것이다. 이제는 기분이 가라앉거나 불안이 올라올 때 습관처럼 나 자신에게 묻는다.

"왜 이렇게 마음이 무겁지? 지금 불편한 감정은 어디에서 온 걸까?"

이 질문 하나가 에너지 관리의 출발점이 된다. 이유를 알게 되면 작은 것부터 바로 처리한다. 바로 해결할 수 없는 문제라면 억지로 움켜쥐지 않고, 충분히 바라본 뒤 흘려보낸다. 그러고 나서 몸을 움직인다. 집 안에 웅크려 있는 대신, 일단 밖으로 나가 걸음을 옮긴다. 바람을 맞으며 걷는 동안 마음이 조금은 가벼워지고, 어느 순간 '이제 스스로 기분을 바꿔도 되겠다'는 생각이 든다. 그때 내가 좋아하는 일들을 하나씩 해본다. 음악을 듣거나, 글을 쓰거나, 아이들과 웃는 시간을 만든다.

그렇게 쌓인 작은 습관들이 나를 지탱하는 에너지 관리법이 되었다. 예전에는 세상에 끌려다니듯 살아갔다면, 이제는 내 에너지를 지키며 세상과 마주한다.

## 내가 찾은 열두 가지 에너지 회복법

### ① 예쁜 공간, 새로운 카페 탐방하기

공간은 곧 에너지다. 낯선 카페에 앉아 새로운 분위기를 마주하면, 아이디어와 영감이 샘솟는다. 단순히 커피 한 잔이 아니라, 내 에너지를 환기시키는 작은 의식 같은 순간이다.

### ② 따뜻한 커피나 차 내려 마시기

손끝에 닿는 온기와 은은한 향은 내 마음을 다독인다. 별것 아닌 루틴 같지만, "지금 쉬어도 괜찮다"라는 메시지를 몸과 마음이 받아들이는 소중한 시간이다.

### ➌ 좋아하는 작가들의 유튜브 채널 시청

유튜브 시청은 단순한 오락이 아니다. 책과 강연, 인터뷰 속에서 전해지는 한 문장이 하루 종일 내 에너지의 방향을 바꿔주기도 한다.

### ➍ 광화문 교보문고&파리크라상 코스

광화문 교보문고는 갈 때마다 에너지가 충전된다. 수많은 작가의 숨결이 살아있는 공간이라서일까. 책을 집어 들고 1층 카페 창가에 앉아 창밖과 책장을 번갈아 바라보는 그 시간이 내겐 최고의 힐링이다.

### ➎ 동네 단골 꽃집에서 꽃 사기

꽃은 공간의 기운을 단숨에 바꿔놓는다. 식탁 위 작은 꽃송이가 매일 '나를 아끼는 마음'을 상기시켜 준다. 특별한 날이 아니라도 꽃은 일상 속 생기를 불어넣어준다.

### ➏ 초콜릿 한 조각 즐기기

작은 달콤함 하나가 무거운 마음을 풀어준다. 그 순간만큼은 "그래, 괜찮아"라는 위로를 스스로에게 건네는 듯하다.

### ⑦ 삼청동 길 걷기

삼청동은 내가 가장 좋아하는 동네다. 오래된 건물과 감각적인 가게들이 공존하는 삼청동을 걷다 보면 내 삶도 그렇게 유연해질 수 있다는 가벼움이 느껴진다.

### ⑧ 산책하기

가장 단순하지만 가장 빠른 회복법이다. 걷다 보면 복잡한 생각이 단순해지고, 불안의 무게도 가벼워진다.

### ⑨ 『시크릿』 다시 읽기

이미 읽었던 문장도 다른 날엔 전혀 다르게 다가온다. 내가 끌어당기고 싶은 삶을 다시 떠올리게 해주는 리마인더이자, 풍요로운 마음을 일깨워주는 책이다.

### ⑩ 올리브영에 들르기

나를 꾸미는 행위는 단순한 외적 치장이 아니다. "나는 소중하다"라는 자기 선언과도 같다.

### ⑪ 주말에 가족과 팬케이크 먹으러 가기

소소한 행복이야말로 가장 강력한 에너지 충전법이다. 웃음과 대화 속에서 '나는 사랑받고 있다'는 사실을 새삼 느낀다. 맛 있는 팬케이크는 덤이다.

### ⑫ "감사합니다" 중얼대기

감사는 에너지를 긍정으로 전환하는 가장 빠른 길이다. 부정적인 생각이 밀려올 때 단순히 "감사합니다"를 반복하기만 해도 마음속 진동이 달라지는 걸 느낄 수 있다.

결국 에너지 관리란 곧 나를 사랑하는 태도다. 예전에는 타인을 위해서만 시간을 쓰며 내 몫을 잊고 살았다. 하지만 나를 위한 작은 의식을 하나둘 세워가자 삶 전체가 달라졌다. 에너지가 채워지면 일이 훨씬 수월해지고, 관계는 부드럽게 흐르며, 무엇보다 '나는 괜찮다'는 자기 확신이 자라난다.

자기 사랑은 거창한 것이 아니다. 예쁜 공간에서의 짧은 휴식, 따뜻한 차 한 잔, 좋아하는 사람과의 만남, 가벼운 산책에서도 충분히 채울 수 있다. 중요한 건 "나를 돌보겠다"라는 선택이다. 그 선택이 쌓일 때 우리는 더 이상 소진된 존재가 아니라 스스로 빛나는 에너지를 발산하는 사람이 된다.

# 우리는 모두 연결되어 있다

$

살다 보면 설명할 수 없는 연결감을 느낄 때가 있다. 내가 마음속으로 떠올린 사람이 갑자기 연락을 해오거나 누군가와 같은 생각을 동시에 하고 있을 때가 그렇다. 과학적 설명은 부족할지 몰라도 우리는 본능적으로 안다. "우리는 서로 연결되어 있다"는 사실을.

나는 그 진리를 제주도에서 돌고래를 보던 날 온몸으로 경험했다. 아이들과 차를 타고 해안도로를 달리던 중이었다. 도로 옆에 '이곳은 돌고래가 자주 출몰하는 지역입니다'라는 표지판이 보였다. 그 순간 불현듯 '아, 돌고래를 꼭 보고 싶다'는 생각이 스쳤다. 그런데 믿기 어려운 일이 벌어졌다. 몇 분도 지나지 않아 저 멀리 바다 위에서 돌고래 한 무리가 뛰어오른 것이다. 아이들과 나는 동시에 소리를 지르며 차를 세웠고, 바닷가로 달려가 그 장관을 한참이나 바라보았다.

"엄마가 보고 싶다고 하니까 돌고래가 나온 거야!"

아이들이 웃으며 말할 때 나는 온몸에 소름이 돋았다. 내 안의 작은 바람이 눈앞에서 현실이 되어버린 순간이었다. 물론 단순한 우연일 수도 있다. 하지만 그때 나는 내 생각이 세상과 닿아 있다는 걸 깊이 느꼈다.

과학에서도 이 연결성을 어느 정도 설명해준다. 가장 널리 받아들여지는 우주의 기원, 빅뱅 이론에 따르면 우리는 모두 하나의 점에서 출발했다. 무한히 작고 밀도 높은 점이 폭발하면서 별과 행성이 생겨났고, 결국 나무도, 돌도, 별도, 사람도 같은 근원에서 비롯된 것이다. 서로 다른 모습으로 흩어져 있을 뿐, 뿌리를 거슬러 올라가면 결국 하나라는 사실이다. 양자역학에서 말하는 '양자 얽힘'도 이와 닮아 있다. 얽힌 두 입자는 아무리 멀리 떨어져 있어도 하나를 측정하는 순간 다른 하나의 상태가 동시에 결정된다. 마치 눈에 보이지 않는 신호로 연결된 쌍둥이처럼 말이다.

서울시립대 박인규 교수는 이를 짜장면과 짬뽕을 즐겨 먹는 단짝 친구에 비유했다. 한쪽이 지방 출장에서 짜장면을 시키는 순간, 서울에 있는 다른 친구가 마치 약속이라도 한 듯 짬뽕을 시키는 것과 같다는 설명이다. 현실에서는 불가능해 보이는 일이지만, 미시세계에서는 실제로 일어난다. 나는 이런 설명들을 접하면서 생각했다. 우리가 누군가를 떠올렸을 때 그 사람이 연락을 해오거나 동시에 비슷한 감정을 느끼는 순간들이 단순한 우연이 아닐 수도 있고, 보이지 않는 차원에서 이어져 있는 연결의 증거일지도 모른다고.

한때 나는 늘 소진된 상태였다. 피곤이 쌓여 있으니 사람을 대하는 것도, 관계를 유지하는 것도 버거웠다. 그런데 에너지를 조금씩 회복하자 신기하게도 나의 상태가 가족에게 그대로 전해진다는 걸 알게 되었다. 내가 밝고 여유로울 때는 집안에 웃음이 많아졌고, 내가 예민하고 불안할 때는 아이들도 똑같이 무거워졌다. 특히 첫째 아들은 내 마음을 그대로 따라갔다. 탯줄은 끊어졌지만, 우리는 여전히 보이지 않는 끈으로 연결되어 있는 것 같았다. 내 마음은 결코 나 혼자만의 것이 아니고 내가 사랑하는 사람들과 얽혀 있으며, 더 크게는 세상 전체와도 이어져 있다.

연결을 믿기 시작하면서 누군가를 떠올릴 때 불안해하기보다 "내가 좋은 기운을 먼저 보낼 수 있다"고 생각했고, 감사의 말을 중얼거릴 때마다 그것은 나만의 주문이 아니라 세상에 파동처럼 퍼져나가는 메시지라고 상상했다. 그리고 실제로 내 마음이 밝아질수록 사람들과의 대화가 부드러워지고, 새로운 기회들이 찾아왔다. 돌고래를 만난 날처럼 내 작은 바람이 현실로 나타나는 순간들이 잦아졌다. 오프라 윈프리, 짐 캐리, 비욘세 같은 인물들이 상상과 끌어당김의 힘을 믿고 실천해낸 것도 결국 이 연결을 신뢰했기 때문일 것이다.

사실 가장 강력한 연결은 사랑이다. 사랑은 멀리까지 전해지는 에너지다. 내가 나를 사랑하면 그 에너지가 밖으로 흘러가 가족과 친구, 동료에게 닿고, 다시 나에게 되돌아온다. 자기 사랑은 자기만을 위한 일이 아니다. 나를 돌보는 행위는 곧 세상과의 연결을 건강하게 지켜내는 일이다. 내가 밝고 따뜻한 에너지를 품을 때, 그 에너지는 가족을 거쳐 더 멀리까지 퍼진다.

우주가 하나의 점에서 출발했듯, 우리도 본래 같은 근원에서 비롯된 존재다. 예수가 "이웃을 사랑하라"고 말한 것도, 불교가 인과응보를 전한 것도 결국 연결성의 다른 표현일 것이다. 과학적으로 다 증명되지 않았어도, 이렇게 믿는 사람들이 많아질수록 세상은 더 평화로워질 것이다. 눈에 보이지 않아도, 설명할 수 없어도, 그 연결은 늘 살아있다. 제주 바다 위에서 만난 돌고래처럼 때로는 우리가 바라는 모습으로 눈앞에 나타나기도 한다. 그래서 나는 오늘도 중얼거린다.

"우리는 이미 연결되어 있어. 그리고 그 연결은 언제나 사랑으로 흐르고 있어."

# 대한민국의 오프라 윈프리를 꿈꾸며

$

책을 많이 읽기 전에 나는 목표와 목적을 구분하지 못했다. 사실 그것을 굳이 깊이 고민해야 할 문제라고 생각해본 적도 없다. 자기계발서에서 '명확한 목표를 가져라'라는 문장을 읽을 때면 잠시 고개를 끄덕이다가도 곧 "뭐, 지금도 괜찮잖아" 하며 그냥 앞만 보고 달렸다. 내 삶은 늘 100미터 달리기 같았다. 결승점에 도착하면 다시 또 100미터 앞에 새로운 목표가 기다리고 있었고, 그걸 채우면 또 다른 목표가 나타났다. 목표를 향해 달리기만 하면 그게 성공인 줄 알았지만, 막상 도착한 곳에는 행복이 없었다. 잠깐의 성취감과 환희가 스쳐 지나가면 다시 공허한 달리기가 시작될 뿐이었다.

신입 시절, 은행 창구에서 한 고객의 전화를 받은 적이 있다.

"급여가 안 들어왔는데 은행에서 뭐 하는 거야? 문제 있는 거 아니야?"

다짜고짜 내뱉는 말에 당황했지만 나는 조심스레 설명했다.

"고객님, 급여 이체는 다니시는 회사에서 확인하셔야 할 것 같습니다."

그러자 그분은 씁쓸하게 화를 내며 이렇게 말했다.

"너희는 돈이 꼬박꼬박 들어오니까 내 마음 모르지?"

나는 그분의 사장도 아니고 급여 담당자도 아니었지만, 그 화살은 고스란히 나를 향해 있었다. 억울하면서도, 전화를 끊고 나니 고객의 처지가 딱하게 느껴졌다. 얼마나 답답했으면 은행 직원에게 그토록 쏟아냈을까. 그날의 통화는 10년이 지난 지금도 내 귓가에 맴돈다. 그 일을 통해 나는 겸손해야 한다는 것을 배웠지만, 동시에 은행이라는 안전한 울타리 안에 더 깊이 묶여버렸다. '여기서 절대 나가면 안 된다'는 자기 세뇌가 시작된 것이다. 하지만 입사 1년 만에 이 일은 내 성향과 맞지 않는다는 것을 알게 되었다.

돌이켜 보면 경제적 안정이 어느 정도 뒷받침되었기에 퇴사를 고민할 수 있었던 것도 사실이다. 매슬로의 욕구 단계처럼 생존과 안정, 소속과 애정의 욕구가 충족된 뒤에 비로소 자아실현을 향한 갈망이 찾아온 것인지도 모른다. 하지만 분명한 건 성취 그 자체는 늘 짧은 기쁨만 남겼고, 그 뒤에는 언제나 더 깊은 공허함이 따라왔다는 것이다.

나는 내가 성취 중독자였다는 걸 늦게 깨달았다. 은행에서의 승진, 부동산 투자, 사회적 지위…… 그 모든 성취가 나를 채워줄 거라 믿었지만 결과는 달랐다. 왜냐하면 나는 내 삶의 목적을 깊이 생각해본 적이 없었기 때문이다. 회사가 원하는 인재상, 승진 요건에 맞추어 스스로를 조각하며 이상적인 직원의 모습에 나를 끼워 맞췄다. 그것은 롤모델을 따르는 게 아니었다. 생존을 위한 처세술이었고, 결국 본모습을 감추는 일이었다.

부동산 투자를 시작할 때 나는 스스로를 '선한 건물주'라 불렀다. 경제적 자유를 이룬 후, 선한 영향력을 나눌 수 있는 사람이 되고 싶어 그렇게 지었다. "나중에 성공하면, 그때 누군가를 도와야지." 그 마음은 변하지 않았지만, 더 이상 먼 미래로 미루지 않겠다는 것만이 달라졌다. 경주마처럼 앞만 보고 달리는 습성을 버리고, 과정 자체를 즐기며 지금 내가 줄 수 있는 가치를 생산하고 싶다. 그 선순환 속에서야 비로소 행복이 피어난다.

회사 생활은 결코 헛되지 않았다. 회사는 나를 성장시켰고, 경제적 안정도 주었다. 하지만 행복을 늘 미래에만 저당 잡힌 채 사는 습관은 이제 끝내야 한다. 지금 이 자리에서, 지금 이 순간에도 나는 누군가에게 선한 영향력을 줄 수 있다. 실제로 투자에 몰입하던 시절, 스터디 모임과 세미나는 내게 큰 기쁨이었다. 내 투자에 대한 결과보다 초보 투자자들의 반짝이는 눈빛, 내가 나눈 경험으로 용기를 얻는 사람들을 볼 때 두근두근 가슴이 떨렸다.

나는 사람을 만나는 게 좋다. 새로운 만남 속에서 나는 늘 영감과 에너지를 얻었다. 부모님이 MBTI 검사를 해보신 적은 없지만, 두 분 모두 '극 E'인 것이 분명하다. 나는 그대로 물려받았다. 그래서 나는 오프라 윈프리처럼 다양한 사람들을 인터뷰하고 의미 있는 가치를 나누고 싶다. 성공한 사람, 실패한 사람, 평범한 사람…… 누구든 그 삶 속에는 배울 점이 있다고 믿는다. 그들의 인사이트를 듣고 나누며 젊은 세대에게는 "자신을 사랑하고, 자기답게 살아가며 그 속에서 자기다운 일을 찾으라"는 메시지를 전하고 싶다. 그리고 내가 경험한 끌어당김과 감사의 힘은 목표를 이룰 수 있게 돕는 도구이며, 결국 그 모든 여정의 근원에는 '나를 사랑하는 힘'이 있어야 한다는 걸 알리고 싶다.

나는 지금도 하고 싶은 일이 많다. 조급해하지 않고, 내 목적과 비전 안에서 하나씩 내 속도대로 이뤄가고 싶다. 나는 더 많은 사람들에게 내면의 힘을 전하고 싶었다. 부동산 투자로 깨달은 건, 결국 경제적 자유와 행복을 결정짓는 건 돈이 아니라 삶을 대하는 태도와 자기 사랑이라는 사실이었다.

그러니 이제는 여러분의 차례다. 내가 성취 중독에서 벗어나 삶의 목적을 찾았듯, 여러분도 목표를 넘어선 더 큰 그림을 그려야 한다. 성취만을 좇는 삶이 아니라, 과정 속에서 행복을 발견하는 삶을 선택해야 한다.

나는 언젠가 대한민국의 오프라 윈프리처럼 사람들의 마음을 비추는 이야기를 전하는 사람이 될 것이다. 그리고 그 여정은 이미 시작되었다.

# 나를 사랑하는 연습

### ① 지금 내 마음을 들여다보기

지금 내 감정은 어떤가?

기쁨, 불안, 외로움, 감사, 피곤함……

오늘 하루 내 마음을 솔직하게 한 단어로 표현해보자.

→ 감정을 판단하지 말고, 그저 '있는 그대로' 적고 그 감정을 바라본다.

"나는 오늘 _____한 하루를 보냈다."

### ② 나를 미소 짓게 하는 일 다섯 가지 적기

내 기분을 좋게 해주는 일, 나를 행복하게 만드는 사소한 행동은 무엇인가?

"나는 _____을 할 때 가장 나답고 편안하다."

_____

_____

_____

_____

_____

## ⑨ 내가 이미 이뤄낸 것 열 가지 적기

지금까지 살아오며 성취한 일들을 떠올려보자.

크고 작은 일 모두 괜찮다.

"나는 _____을 해냈다."

"나는 그때도 나를 믿고 버텼다."

# Love yourself, Be yourself

나는 이 책에서 '돈, 생각, 공간, 시간, 사람'이라는 여러 차원의 자유를 찾아가는 여정을 나눴다. 부족하고 흔들리던 평범한 엄마였지만, 상상력과 끌어당김의 힘을 통해 조금씩 다른 길을 걸어왔다. 그 과정이 결코 화려하지 않았지만, 하루의 감사를 적고, 마음의 방향을 다잡고, 두려움을 안은 채 한 걸음씩 내딛는 그 작은 실천들이 내 삶을 완전히 바꾸어 놓았다. 이 책은 그 변화의 기록이며 '생각이 현실이 된다'는 믿음이 실제가 되는 과정을 담은 여정이다.

지금 이 순간에도 나는 여전히 배운다. 돈을 버는 기술보다 마음을 다스리는 힘이 더 크다는 것을, 성공의 척도보다 내면의 평화가 더 오래 간다는 것을. 단순히 나 한 사람의 성공에 머무르지 않고, 더 많은 사람들이 각자의 자리에서 '자신의 삶의 주인공'으로 살아가길 진심으로 바란다. 앞으로도 글과 강연, 일상의 작은 나눔을 통해 성장하며, 사랑의 에너지를 세상에 흘려보내고자 한다.

이 책이 세상에 나오기까지 수많은 손길과 마음이 함께했다.

무엇보다도 시어머님과 남편에게 깊은 감사를 먼저 전하고 싶다. 두 분이 아니었다면 투자 여정도, 퇴사의 결심도, 이 영광스러운 순간도 없었을 것이다. 자신보다 가족을 먼저 생각하며 언제나 기꺼이 희생하시는 시어머님을 통해 진정한 부모의 사랑을 배웠고, 흔들림 없는 지지로 늘 곁을 지켜준 남편 덕분에 여기까지 올 수 있었다. 항상 자식 걱정이 먼저이신 부모님께도 감사를 전한다. 늘 깜빡하는 부족한 엄마를 이해해주고, 묵묵히 함께해준 두 아들 우진과 우빈에게도 무한한 사랑과 감사를 전한다. 내가 치열하게 달리는 동안, 두 아이의 웃음과 존재 자체가 가장 큰 힘이자 빛이었다.

그리고 지금 이 책을 읽고 있는 독자들에게도 진심 어린 감사의 마음을 전한다. 책을 읽는다는 건 결국 다른 사람의 이야기를 들어주는 일이다. 경청은 가장 어려운 관심의 표현인데, 이렇게 시간을 내어 이야기에 귀 기울여 주셨다는 것만으로도 큰 영광이다. 조금이라도 보답하기 위해 글을 쓸 때마다 마음이 가장 고요하고 평화로울 때를 기다렸다. 지금 이 순간도 강이 내려다보이는 예쁜 카페에서 감사한 마음으로 이 글을 쓰고 있다.

아마 이 책을 읽는 분들은 끌어당김에 관심이 있는 분, 자기계발을 사랑하는 분, 부동산 투자자가 많을 거라 생각한다. 나는 퇴사를 준비하는 과정에서 부동산이라는 수단을 선택했지만, 그것이 유일한 길도, 유일한 방법도 아니다. 혹시 퇴사를 고민하고 있다면 지금 하고 있는 일 속에서 혹은 어릴 적부터 좋아하고 잘하던 일 속에서 자신만의 답을 찾길 바란다. 그 분야에서 승부를 보는 것이 결국 원하는 길에 다가가는 첫걸음일 거라 생각한다.

사실 첫 책으로 부동산 투자와 관련된 책을 쓸 수도 있었다. 누군가는 뜬구름 잡는 이야기라고 여길 수도 있는 '끌어당김'과 '감사의 힘' 그리고 '자기 사랑'에 대해 먼저 글을 쓰기로 결심한 이유는 이것이야말로 내 삶을 바꾼 진짜 원동력이었기 때문이다.

이 책 내용의 대부분은 내 경험에서 비롯되었지만, 단 한 사람이라도 이 글을 통해 영감을 얻고, 그 영감을 행동으로 옮겨 자신의 꿈을 현실로 만든다면 그것만으로도 충분히 행복할 것 같다. 맨땅에 헤딩과 같았던 글쓰기가 고통스럽기도 했지만 단 한 사람이라도 내 글에 용기를 얻을 수 있다면 지나간 고통이 작가로서 충분한 의미와 기쁨일 것이다.

행복은 먼 미래에 있는 게 아니라 지금 이 순간, 자신을 사랑하기로 한 그 마음 안에 있다. 어떠한 상황에서도 자신을 믿고, 스스로를 존중하며, 자신의 가능성을 포기하지 않길 바란다. 당신의 여정은 이미 시작되었고 그 길 끝에서 당신의 꿈이 현실이 되기를, 그리고 그 여정이 평화와 감사로 가득 채워지기를 진심으로 기원한다.

Love yourself, Be yourself!